놀이의 힘!

잘~놀아야 똑똑한 아이가 된다

놀이의 힘!
잘~놀아야 똑똑한 아이가 된다

초판1쇄 발행 | 2020년 2월 28일

지은이 | 김판수
펴낸이 | 정봉선

펴낸곳 | 정인출판사
주 소 | 서울시 동대문구 천호대로16가길 4
전 화 | (02) 922-1334
팩 스 | (02) 925-1334
홈페이지 | www.pijbook.com
이메일 | junginbook@naver.com

등 록 | 1999년 11월 20일 제303-1999-000058호
ISBN | 979-11-88239-20-7 93370

똑똑한 아이로 키우고 싶으신가요?
그럼 아이의 놀이를 주목해 주세요!

놀이의 힘!

잘 놀아야 똑똑한 아이가 된다

김판수 지음

정인출판사

저자 소개

〈놀이의 힘, 잘~놀아야 똑똑한 아이가 된다〉를
왜 쓰게 되었는가?

필자는 현재 교육평론가이자 작가로 방송인으로 활동하고 있다. 얼마 전까지만 해도 대학에서 「강의하고」, 「연구하고」, 「논문지도」하면서 「논문심사」도 하고, "자기주도학습", "영재교육", "창의인성", "진로", "아이 놀이교육" 주제로 글을 써왔다. 대학부설기관인 CK교수학습계발연구소에 소장으로 바쁘게 살아오면서 꾸준히 글쓰기를 해왔고 오늘 소개하는 〈잘~놀아야 똑똑한 아이가 된다〉와 〈아이가 유치원에 갑니다〉, 〈메타인지와 말하는 공부〉, 〈공부자극〉, 〈손범수가 묻고 전문가가 답하는 자기주도학습〉, 〈자기주도학습&코칭 ABC〉, 〈자기주도학습 아이를 바꾼다〉, 〈공부의 절대시기〉, 〈전통문화로 배우는 영어〉, 〈학습플래너 학습에 습관을 만든다〉, 〈과목별 학습 연계성과 학습 전략〉 등 다수의 책도 냈다. 틈틈이 방송활동으로 ⊙EBS 교실이 달라졌어요, ⊙KBS 생방송 아침마당 목요특강, ⊙EBS 생방송 교육마당 고정, ⊙KBS1과학카페 두뇌에 소리가 학습에 미치는 영향, ⊙YTN 영재보고서 올바른 자기주도학습, ⊙EBS 창사특집 교육실험프로젝트(스스로 공부하는 아이만들기) 등 외 다수 출연하면서 보람도 많았지만 생각해보면 참으로 바쁘게 살아왔다. 미래학자들은 머지않아 대학이 더 이상은 지식의 권력집단이 될 수 없다고 강조한다. 지식의 생산과 유통의 방법 역시 완전히 변하고 있다.

대학의 이름이 더 이상은 브랜드가 아니라 학과와 교수 개인이 브랜드가 되는 사회가 도래하고 있다. 현재는 교육평론가로서 작가로서 그리고 개인방송을 준비하는 1인 방송인으로 얼마 되지는 않았지만 매우 만족스러운 삶을 살고 있다. 물론 강의가 필요하면 달려가 미래의 핵심역량인 사회성, 자존감, 배려, 소통, 창의성, 집중력, 성취감, 관찰력, 도전정신, 자신감, 리더십, 도덕성, 자기주도성, 행복감, 몰입 등이 당장의 성적보다 중요하며, 아이의 인성이 너무도 중요하다고 강의하고 있다.

도서 내용 및 강연 문의
soodl.pk@gmail.com
You Tube 알처스TV

놀이의 힘! (검토위원 명단)

순	성 명	소 속
1	김영은	현 : 전주시 프렌즈유치원 원장 전북대학교 겸임교수 6년 역임
2	김정숙	현 : 경북도청어린이집 원장 안동대학교유아교육과 외래교수
3	마정이	현 : 광주광역시 아이위드유치원 원장 광주보건대학교 사회복지학과 겸임교수 역임
4	박선엽	현 : 전북임실 공립둥지유치원 원장 전 : 전북유아교육진흥원 원장
5	박선자	현 : 대전 공립가양유치원 원감
6	박영례	현 : 대전시 공립중앙유치원 원장 전 : 대전유아교육진흥원장 역임
7	박현미	현 : 경기도 동탄 공립청계유치원 원장 전 : 경기도유아교육지흥원 교육연구사
8	백경순	현 : 배재대학교 부속유치원 원장 배재대학교 유아교육과 교수
9	양승지	현 : 대전시 서부 혜원유치원 원장 배재대유아교육과 외래교수 역임
10	이인원	현 : 공립청계유치원 연구부장 서울대학교 교육학 석사
11	임은정	현 : 경기도 화성 공립서연유치원 원장
12	전영로	현 : 수원시 공립큰나래유치원 원장 경기도 유치원평가위원
13	전선희	현 : 세종시 공립보람유치원 원장 대전대학교 아동벤처학과강사
14	한정숙	현 : 경기도 파주 공립두일유치원 원감 경기도 유아교육관련 인사위원

어린시기에 우리 아이들이 즐겁게 또 재미있게 놀이 활동을 하고 부모와 교사들이 놀이교육에 대한 이해와 가치를 이해하면서 아이들이 놀이에서 소외되거나 기회가 박탈되어서는 왜, 안 되는지 어떻게 놀이에 참여하게하고 즐기도록 가르쳐야 될지를 고민할 때이다. 또한 놀이가 가지고 있는 치유와 소통, 창의성, 상호작용, 사회성이 아이가 더 행복하고 건강하게 더욱 똑똑하게 성장하는 데 꼭 필요한 것임을 믿어야 한다. 필자는 이러한 의도로 이 책을 쓰게 되었다. 부모라면 누구나 좀 더 좋은 아빠 엄마가 되기 위해서 많은 노력을 한다. 그러나 가장 기본이 되는 것에는 소홀해지는 것 같다. 이 책을 통해 많은 부모님들이 우리 아이가 행복하고 똑똑하게 미래를 살아갈 준비를 할 수 있는 기본의 중요성을 알고 실천하는 힘을 얻기를 바래본다. 그리고 끝으로 이 책이 나오기까지 바쁜 가운데 크게 애써주신 정인출판사 편집부와 정봉선 대표님 그리고 검토위원님들께 진심으로 감사의 마음을 전합니다.

2020년 1월

김판수 드림

Chapter
02

Chapter
03

Chapter
04

Chapter

05

Chapter

01

잘~놀아야 똑똑한 아이가 된다

'아이에게 놀이란 무엇인가?'

아이에게 놀이란 세상을 배우는 수단이자 삶 그 자체이다. 또한 놀이야말로 아이를 아이답고 건강하게 키울 수 있는 최고의 방법이다. 아이는 '놀 때' 가장 행복해한다는 사실과 '잘 놀아야 건강하게 잘 큰다.'는 과거 어른들의 말씀은 오랜 경험에서 나오는 정보이고 체험이며 지식이다. 한참 놀아야 할 과정이 생략된 아이는 사물에 대한 이해나 인간관계, 사람에 대한 상호작용, 의사소통을 어떻게 해야 할지 잘 모르게 된다. 결국 인지와 정서, 신체 능력에 심각한 문제가 생기는 것이다.

우리는 과거보다 지식과 정보가 쏟아지는 세상에 살고 있다. 그러나 인간의 아주 기본적인 것들은 잘 모르는 것 같다. 아니 관심이 별로 없다고 해야 할까? 아이를 가진 부모들이 요즘에는 어떻게 놀아줘야 하는지 고민해야 한다. 대부분 초등학교만 들어가도 학원 가느라 공부하느라 아이와 놀아줄 사람도, 함께 놀 아이들도 보이지 않는다. 과거에는 함께 놀 아이들도 많았고 어른들과 함께 할 놀이들도 풍성하던 시절이 있었다. 친구들과 목이 터져라 노래하며 뛰놀던 그 시절. 연날리기, 고무줄놀이, 팽이치기, 썰매타기, 구슬치기, 제기차기, 상대방을 온몸으로 막아내던 오징어놀이, 말 타기, 땅따먹기놀이, 숨바꼭질, 비석치기, 자치기 놀이, 말뚝박기 등 시간 가는 줄 모르고 뛰놀던 시절이 있었다. 그 시절의 아이들은 지금처럼 풍족한 생활은 아니었으나 훨씬 소통과 공감의 상호작용이 잘되는 모나지 않은 행복한 아이들이었던 것 같다.

요즘 많은 사람들이 입을 모아 이야기한다. '소심한 아이, 말 안하는 아이, 주의력 결핍, 과잉행동, 틱 장애를 앓는 아이, 난폭한 아이, 지나치게 수줍어하는 아이'가 많아서 유치원과 학교에서는 수업을 다 마치면 선생님들이 진이 빠진다고 한다. 심지어 교사로서 한계를 느낀다고 한다. 놀이를 충분히 누려보지 못한 아이들에게서 정서적인 문제가 많이 드러나게 된 것도 놀이문화를 상실한 결과가 아닐까 필자는 생각한다. 많은 전문가들도 이점을 우려하고 있다. 그래서일까? 교육부에서는 2020

학년도부터는 유아교육기관에서 놀이중심을 강조한 수업을 개선하겠다는 의지를 밝혔다. 그만큼 전문가들 입장에서도 아이들에게 놀이는 아이들에게 즐거움을 주며 행복감을 주며, 또한 건강하게 자라게 하고 언어발달에 영향을 준다고 인정하였다. 놀이는 인지와 사고발달을 촉진함은 물론이고 상상력, 창의력과 표현능력을 기르게 하여 분별력을 가진 똑똑한 아이가 되는 밑거름이 된다.

따라서 우리는 지금부터 놀이의 힘에 주목하고, 아이와 함께 잘 놀아주기 위해 노력하는 부모들의 고민을 함께 나누고자 한다. 최선을 다해 놀고 싶지만, 막상 아이와의 놀이가 즐겁지 않고 어떻게 놀아야 할지 모르는 막막함에 가로막힌다. 설상가상 아이들이 뛰어놀 수 있는 공간도 마땅치 않다. 아이종합실태조사보고서에 따르면 한국 아이의 행복도는 OECD 30개국 중 거의 꼴찌인 27위에 불과하다. 아이들이 잃어버린 놀이의 기쁨을 어떻게 되찾아줄 수 있을까? 아이들이 행복할 수 있는 진짜 놀이에 대한 답을 제시하고, 부모와 아이들 모두 행복하게 놀 수 있는 방법을 함께 고민해보고자 한다.

I.
아빠하고 잘 노는 아이가 잘 통(通)한다

아빠와의 놀이가 아이의 사회성 형성이나 논리적 사고, 학교에서의 학업 성취도, 자아 형성과 자신감에 긍정적인 영향을 미친다는 것은 이미 수많은 연구 논문에서 입증되었다. 또한 아빠의 무관심 속에 자란 아이는 오히려 아빠가 없는 아이보다 여러 면에서 부정적인 영향을 받게 된다는 연구 결과도 있다는 점을 생각하면, 아이의 성장에 있어 아빠가 적극적으로 놀이에 참여하는 건 너무도 중요하다는 점이다.

출생시부터 8세까지의 아이의 발육에는 여러 단계에 변화를 거친

17

다.(적기교육) 이를테면 근육조정, 언어기능, 감정적 특성, 기억능력, 사고
능력, 도덕성, 양심 및 아이의 뇌와 다양한 기능들이 급속히 자라면서 이
러한 단계들이 각기 그 차례가 되면, 이 때가 바로 놀이 활동을 통해 다양
한 능력을 훈련시킬 절호의 시기인 것이다. 이 시기에 아이의 뇌에서는 학
습에 필요한 시냅스, 즉 신경세포의 접합 부위가 크게 증가한다. 그러므로
자녀의 지적 발달에 중요한 이 시기에 놀이 활동을 통해서 생각과 가치관
을 심어주기 시작하는 것이 중요하다는 것이다. 아이는 물을 흡수하는 스
펀지와도 같아 사랑해주면 사랑을 배운다. 이야기해 주거나 읽어주면 말
하고 읽는 법을 모두 배우게 된다. 도덕과 예의와 인사하는 법을 보여주면
아이는 사랑받고 인정받는 아이가 된다. 올바른 것을 접하면 올바른 원칙
을 받아들인다. 만일 적절한 정보를 넣어 주는 일이 없이 이러한 좋은 기
회의 학습 단계들이 지나가 버리게 되면, 후일에 이러한 특성 및 능력을
배우기가 더 어려워질 것이다.

　　어릴 때부터 자녀와 놀이 활동을 통해서 잘 교육하고 훈련하면 좋은
결과가 따른다. 아이들은 한시도 가만히 있지 못하고 주의 지속 시간이 짧
기 때문에 아이들은 관심을 쏟는 대상이 수시로 바뀐다. 그 이유는 아이
들은 호기심이 많으며 주위 세상을 알고 싶어 하기 때문이다. 부모는 자신
이 가르치려고 하는 것을 말과 글보다는 흥미 있는 놀이를 통해서 자녀가 배우고
집중할 수 있도록 도와줄 수 있다. 그럼 어떻게 도와야 할까?

한 연구에 따르면, 조사 대상 중, 부모의 25퍼센트는 그들이 자녀를 대하는 방법에 따라 자녀의 지능과 자신감, 학습 의욕이 향상되거나 저하될 수 있다는 사실을 모르고 있었다. 따라서 이러한 질문이 생긴다. '자녀의 뇌 발달과 잠재력을 키워주는 가장 좋은 방법은 무엇인가? 또한 어떻게 적절한 환경을 조성해 줄 수 있는가?'

뇌의 발달이라고 하면 부모들은 독서를 통한 지식의 축적, 학교에서 이루어지는 수업, 예체능 교육만을 떠올리기 쉽지만, 놀이야말로 뇌를 발달시키는 가장 적합하고 중요한 요인이다. 특히 부모나 형제, 또래와 함께하는 놀이는 아이가 사회성이나 대인관계를 배울 수 있는 좋은 경험이 된다. 다른 아이들과 어떻게 사귀고 친해지는지, 의견이 일치하지 않을 때 어떻게 협상하고 타협하면서 즐겁게 놀 수 있을지를 궁리하고 노는 경험을 통해 아이의 뇌는 엄청난 속도로 발달한다. 아이들은 블록을 쌓거나 작은 공, 큰 공을 굴리고 움켜쥐고 멀리 던진 다음 받아내거나 서로 약속한 선에 밟거나 걸리지 않기 위하여 온통 정신을 집중하면서 기어가고 선을 넘어가고 팔짝팔짝 뛰는 놀이는 그 동작 하나만으로 아이들의 뇌에 신선한 경험이 되고, 큰 자극이 된다. 아이의 놀이 활동으로 작은 성공과 실패를 경험하고 극복하면서 효능감과 자존감을 높이기 위해 자율성, 유능감, 유대감의 욕구가 충족되어야 하는데 놀이는 이들 욕구를 모두 충족시켜 주는 매우 중요한 도구로 학습의 기초가 된다.

이때부터의 놀이는 부모의 역할이 매우 중요하다. 그중 아빠의 역할은 여러 번 강조해도 부족할 만큼 중요하다. 아빠와의 상호작용에 대한 연구에 의하면, 아빠와의 놀이를 통하여 유대감과 애착, 탐구심과 도전의욕을 배우게 된다. 아이들은 아빠와 놀 때 더 많은 힘과 자신의 신체 각 부분을 더욱 활발하게 사용한다. 아빠의 그 커다란 몸짓에서 나오는 큰 동작, 우렁차게 들리는 목소리는 아이에게 재미와 안정감을 느끼게 한다. 아빠의 강한 액션은 아이의 마음을 쉽게 빼앗을 수 있다. 아이가 아빠와의 놀이에 몰입하게 되면 아이의 뇌는 더욱 활발하게 작동하며 복잡하고 다양한 동작과 표현 방법을 경험하고 균형 감각을 배운다. 이러한 놀이는 아이들의 뇌를 매우 크게 변화시키며 더 큰 도전에 용기를 내거나 시도할 가능성을 많게 한다는 것이다.

특히 놀이할 때 아이가 어떤 자극을 받느냐에 따라 뇌의 신경구조와 기능은 크게 바뀐다. 특히 아빠와의 몸을 사용한 놀이는 엄마와의 놀이와는 달리 평소 사용하지 않은 근육을 사용하고 새로운 감각까지 경험하기 때문에 뇌신경전달물질이 많이 분비된다. 아빠들은 엄마와 달리 다양한 상황과 규칙을 만들고 바꾸기 때문에 엄마하고 놀이를 할 때보다도 아이가 더욱 흥미로워하고 즐거워하는 것을 경험할 수 있다. 이러한 아빠와의 놀이 활동은 창의력을 기를 수 있다. 좀 더 설명이 이루어지겠지만 엄마와의 놀이를 통하여 아이는 친절, 배려, 양보, 공감과 언어의 수준을 한층 발달한다면, 아빠는 놀이를 통하여 사회성과 공간지각능력, 계산능력, 추리력, 기억력, 지각력, 도전의식을 높여준다. 그러므로 양육은 엄마의 전유물이 아니라 아빠가 적극적으로 참여하고 노력을 해줄 때 아이의 신체와 뇌가 전체적으로 균형감 있게 발달할 수 있고 다른 사람들과도 매사에 잘 통(通)하는 아이가 될 것이다.

1. 흉내 내기 놀이

엄마와의 놀이 중 가장 큰 영향은 아이의 언어능력과 정서발달이다. 엄마와의 놀이를 통해서 감정을 읽어내는 능력, 전달하는 능력을 발전시키기 때문이다. 아이는 단지 소리로 전달되는 엄마의 목소리만을 통해서 정보를 얻는 것이 아니다. 말하는 사람의 음색, 음조, 음량, 얼굴표정, 몸짓 등과 같은 비언어적인 정보까지도 대화에 중요한 정보를 얻는 단서가 되며 아이들의 놀이 활동은 놀라울 정도로 아이를 똑똑하게 만들어준다. 메라비언의 법칙(The Law of Mehrabian)은 사람 사이의 의사소통에 있어 언어적인 것은 7%, 비언어적인 요소는 93%(시각적인 요소 55%, 청각적인 요소 38%)를 차지한다는 법칙이다. 언어적인 요소만큼 비언어적인 요소가 중요하다는 것을 강조하였다.(Argyle, 1988) 그래서 대화(communication)를 다른 표현에서는 '정보처리

능력'이라고 표현하기도 한다.

아이의 최초 언어는 흉내 내기에서 시작한다. 엄마가 놀아줄 때 아기들은 혀를 내미는 모습을 처음 보고서도 그 행동을 따라 한다. 아이의 뇌에 있는 거울뉴런은 다른 사람의 행동을 바라보기만 해도 자동적으로 학습하려 하며 그 행동을 따라 하게 된다. 아기가 부모를 보는 동안 거울뉴런이 작동을 하여 행동을 따라하며 소통하게 한다. 이때 아이의 뇌에서 중요한 신경회로가 연결되고 만들어지며 정교하게 그물을 짜가는 것도 바로 흉내 내기를 통해서이다. 흉내 내기는 아기가 부모와 대화를 하는 최초의 방법이다. 혀와 같은 신체부분을 움직이는 행동, 눈을 깜빡거

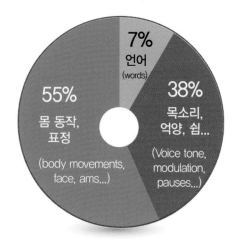

그림 1 메라비언의 법칙(The Law of Mehrabian)
〈출처: https://blog.naver.com/wansoo2/20147848854〉

놀이의 힘! 잘~ 놀아야 똑똑한 아이가 된다

리면서 배시시 웃는 행동은 아기가 소통을 하려는 자연스러운 노력이며 대화를 나누는 최초의 방법인 것이다. 흉내 내기는 상대방의 동작이나 표정을 읽는 관찰력과 세세한 움직임의 차이를 분간하는 분별력, 자기 몸을 통제하는 운동능력, 시선처리능력을 자연스럽게 놀이를 하면서 익히게 된다. 손뼉을 치거나 음악에 맞춰 자연스럽게 몸을 움직이고 한쪽다리로 서기, 호랑이처럼 걷기, 새가되어 날기, 토끼처럼 깡충깡충 뛰기, 가위바위보 놀이하기, 묵찌빠놀이로 순발력과 시각주의력, 청각주의력 만들기, 말 빨리 따라 하기, 소꿉놀이, 화장하기 놀이 등도 좋다. 놀이 활동 방법으로는 이렇게 해보자.

1. 동물원 사진이나 흥미 있는 그림을 보여주며 주의 집중을 시킨다.
2. 동물들의 습성, 움직임, 울음소리에 대해서 이야기해 보고 따라 해보게 한다.
3. 엄마아빠 아이들을 두 편으로 나누고 누가 더 똑같이 흉내를 잘 내는지 게임을 한다.
4. 각각 다른 편의 상자 안에 있는 동물 그림을 마음대로 골라 하나만 뽑는다.
5. 고른 동물을 아이가 흉내를 내면서 동물소리까지 따라 하기를 한다.
6. 릴레이 형식으로 게임을 하고 잘 한 팀이 상을 받는다.
7. 게임을 하고 난 기분에 대하여 이야기를 하며 마친다.

이러한 부모의 적극적인 상호작용을 통한 흉내 내기 놀이는 아이의 언어발달과 신체능력을 발달하게하고 똑똑한 아이로 자라게 할 것이다.

2. 몸짓은 관심과 집중을 높이는 상호작용

아이에게 상호작용이라 함은 부모뿐만이 아닌 교구와의 놀이경험, 또래와의 놀이경험, 교사와의 놀이경험 등을 통해 영향을 미치는 과정이라고 할 수 있다. 아이는 다양한 물리적·인적 환경과 상호작용을 하게 되며, 특히 부모는 아이와 상호작용을 함으로써 자녀들의 개별적 차이와 흥미를 파악할 수 있으며 이에 적합한 경험을 바람직한 상호작용을 통해 제공할 수 있다. 이러한 상호작용을 통해 아이는 지식과 정보를 처리하는 방법을 익히고 놀이를 통해 자연스럽게 교육이 이루어지며 좀 더 다양하고 복잡한 정보를 처리하는 능력을 갖게 한다.

만일 아이가 유아교육기관에 가는 상황이라면 유아가 항상 만족스럽고 편안함을 느끼는 것은 아닐 것이다. 때로는 신체적으로 불편하거나 심리적 불안감, 두려움, 뜻대로 되지 않을 때 좌절감을 느끼는 등 어려움이 있을 수 있다. 이때 교사가 아이의 정서를 인정하고 안정감을 느낄 수 있도록 다양한 방법으로 돕게 된다. 포근함을 느낄 수 있게 안아주거나 유아의 감정을 이해해 주는 언어적·비언어적 표현을 하게 된다. 이를 통해 유아는 자신의 생각과 감정을 드러내며 교사는 이에 대해 반응하며 계속적인 의사소통이 이루어진다. 이것이 교사와 유아가 일상에서 경험하는 상호작용으로 유아교육기관에 쉽게 적응할 수 있는 방법이며 또래관계 형성이나 새로운 학습경험에 도전할 수 있는 준비단계로 볼 수 있다.

교사와 유아의 상호작용은 아이의 두뇌발달과 행동 및 적응에 영향을 주는 유아교육기관의 환경에서 중요한 질적 요인임을 알 수 있다. 또한 교육환경의 질이 좋은 유아교육기관에서는 유아와 교사 간 긍정적이고 세심한 상호작용이 유아의 모든 발달영역에 긍정적인 영향을 준다고 볼 수 있다. 유아교육기관에 최소한 2년 이상 다닌 유아들의 집단과 가정에서만 지냈던 유아들의 집단을 비교했을 때, 정규프로그램 속에서 교사와 유아의 상호작용, 유아와 또래의 상호작용을 경험한 아이들이 그렇지 않은 집단에 비해 더욱 발달된 경향을 보였다.

경험 많은 교사는 확장된 형태의 상호작용을 통해 유아들은 수업에 집중하고 활발한 활동을 보이는 등 수업 참여도가 향상되며, 교사가 애정적으로 상호작용할수록 유아는 주의집중을 잘하고 흉내 내기 놀이를 좋아하며 놀이에 대한 동기가 흥미를 강하게 나타낸다. 또한 타인의 감정을 이해하고 또래와 친화적 관계를 만들어가는 등의 긍정적인 사회·

정서적 행동이 높아진다.

 교사와 유아간의 바람직한 상호작용은 교사가 유아에게 신속하게 반응하고 따뜻하게 대하며 양방향 의사소통 기회를 다양하게 제공하고 감정, 관심사, 원하는 활동을 파악하여 격려하고 지원하는 것이다. 또한 상호작용할 때 교사가 얼굴을 맞대고 다정한 태도로 바라보고 스킨십을 시도하는 것이 집중력과 학습의 효과를 높일 수 있으며, 경험 많은 교사는 아이의 생각에 대해 열려 있고 아이들이 엉뚱하지만 실험적인 생각

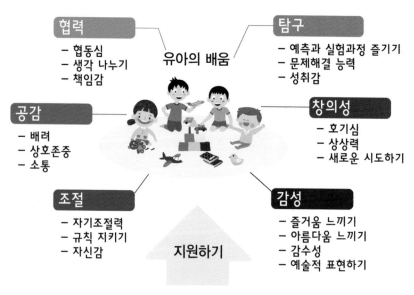

그림 2 놀이 2019–놀이로 유아의 삶을 담다
〈출처: 경기도교육청〉

상호작용에서 고려해야 할 요인

요인	내용
정서적 민감성	상호작용할 때 따뜻한 태도를 보이면서 성의를 다하고 정성껏, 일방적 지시가 아닌 개방적이고 양방향적인 의사소통을 하는 것이 유아 발달에 긍정적인 영향을 미친다.
언어적 상호작용	말하는 빈도나 내용 등의 언어적 상호작용은 큰 비중을 차지한다. 상호작용에서 일방적 지시나 통제를 자제하고 유아가 자신의 생각을 표현할 수 있는 기회를 충분히 주고, 유아와 함께 어떤 의사결정을 하는 상황에서 유아의 선택이 현실성이 없거나 바람직하지 않더라도 하나의 대안으로 존중하며 교사가 보다 바람직한 대안을 제안하는 방식으로 제시하도록 한다.
비언어적 상호작용	일상적 돌보기, 놀이감독 등의 단순한 상호작용, 놀이제안이나 신체 동작, 유아가 하는 말에 반응을 보이는 것 등으로 비언어적 상호작용은 언어적 상호작용 이상으로 중요하다. 같은 내용을 전달하더라도 말하는 사람의 표정, 몸짓, 어조 등에 따라 전혀 다른 의미로 해석될 수 있다. 이런 점에 유의하여 교사는 유아에 대해 늘 관심을 가지고 지켜보며 매일 하게 되는 단순한 상호작용도 소홀히 여겨서는 안 된다.

을 할 때 유연하며 유아의 말을 주의 깊게 들어주는 자세를 보여야 한다. 유아들이 말하고 행동하는 배움의 요소에는 놀이의 가치와 중요성이 담겨있을 뿐만 아니라, 유치원 교육과정에서 추구하는 인간상과도 연결되어 있다. 따라서 유치원 교육과정의 영역별내용을 유아의 경험 및 놀이와 연

계하고 유아의 삶과 유의미한 관계를 맺을 수 있도록 지원해주는 것이 중요하다.

상호작용이 언어뿐만이 아니라 얼굴표정과 손, 팔, 몸의 움직임과 같은 몸짓은 보다 효과적인 의사전달을 위해 꼭 필요하다. 아이들이 관찰하고 있는 대상이 얼마나 크고 작은지, 무거운지 가벼운지를 비교하고 이를 강조하기 위해서 손을 크게 벌리기도 하고 무언가를 들어보이는 몸짓으로 표현하기도 한다. 몸짓은 말하는 사람의 내용은 물론 태도도 함께 전달하는 효과를 갖고 있지만 몸짓이 언어적으로 표현하는 메시지와 다른 의미를 갖게 될 때에는 의사소통의 어려움도 갖게 된다. 이러한 점들을 충분히 고려하여 전달하고자 하는 의미를 정확하게 표현할 수 있는 몸짓을 사용하는 것이 중요하며, 언어적으로 대화하는 것보다 관심과 집중을 높이며 상호작용의 기회를 늘릴 수 있다.

이러한 기분 좋은 경험들은 긍정적인 애착 형성을 위해 애착 대상이 되는 양육자(부모), 교사 또는 관계가 형성되는 주변 사람들에게 아이들의 상호작용은 이동한다. 특히 신체를 움직이거나 손을 흔들거나 미소를 보이는 등 상징적인 형태의 몸짓은 그 자체로도 의미 있는 상호작용이 될 수 있다. 아이에게 관심의 표현으로 눈을 맞추거나 미소를 지어주고, 등을 토닥여주거나, 사랑의 표현으로 손을 잡아주거나 따뜻하게 안아주는 것은 언어적인 방법보다 진실하고 강하게 전달된다. 이러한 표현 방법으로부터 아이들은 다양하게 자신을 표현하며 더 많은 것을 엄마와의 놀이를 통해서 배울 때 교사나 다른 사람의 표현을 자연스럽고 행복하게 받아드릴 수 있다.

3. 신체접촉은 친밀해지는 강한 유대감

스킨십은 따뜻한 체온과 신체적 접촉을 통해 안정감과 행복감을 느끼게 해준다. 평소 많이 안아주고 쓰다듬어주는 것뿐만 아니라, 가볍게 마사지를 해주거나, 신체놀이, 무릎에 앉혀 책 읽어주기 등 놀이를 통해서도 스킨십을 할 수 있다. 마음이 있더라도 표현하지 않으면 아이는 느낄 수 없다. 아이가 사랑받고 있고 보호받고 있다고 느낄 수 있도록 다양한 방법을 통해 직접적으로 애정을 표현하고 보여 줘야 한다.

일반적으로 신체적 접촉이 일어나는 상황은 다음 두 가지로 구분할 수 있다. 친밀하고 좋은 관계에서 느끼게 되는 신체적 접촉과 적대적이거나 화가 나는 상황에서 서로에게 상처를 주는 신체적 접촉이 있다. 대부분 두 가지 극단적인 상황에서 나타나는 신체적 접촉은 다양한 상황에서 발견할 수 있다. 기분 좋은 상황에서 나타나는 신체적 접촉과 두렵거나 분노의 상황에서 나타나는 신체적 접촉은 아이와 부모, 교사, 또래,

성인에게 전혀 다른 정서적 메시지를 전달하게 된다. 신체적 접촉은 이후 안정적이고 만족스러운 대인 관계 발달을 위해서는 꼭 필요한 것이며, 특히 6세 이하의 아이들에게는 매우 중요한 부분이다. 신체적 접촉이 개인적인 관심을 갖게 하고, 누군가와 친밀해지는 강한 유대감을 가질 수 있기 때문에 부모 또는 교사의 긍정적인 신체적 접촉은 꼭 필요하며 효과를 주는 신체적 접촉은 다음과 같다.

● **적절한 스킨십을 위한 TIP**

▶ 부드럽게 어루만져주기
▶ 따뜻하게 포옹해주기
▶ 신체를 쓰다듬어주거나 등을 토닥거려주기
▶ 간지럼이나 기분 좋은 신체적 접촉하기
▶ 놀이 활동에서의 자연스러운 다양한 신체적 접촉 시도하기

상호작용과 공간의 중요성

상호작용과 긍정적인 관계를 형성하는데 공간은 중요한 의미를 갖는다. 함께 있어 편안하고 친밀한 거리, 환경, 분위기, 일상적인 거리, 사회적인 거리 등을 구분한다면, 아이와 친밀함을 가질 수 있는 거리는 50cm 내외이며, 1m가 넘는 거리에서는 사회적, 공적인 상호작용과 같이 거리감이 느껴질 수 있는 관계이므로 부모와 교사는 공간과 거리도 충분

하게 고려해야 한다. 그러므로 의사소통이 가능한 가까운 거리에서 탐색하면서 비언어적인 의사소통 방법이나 얼굴표정, 몸짓을 주의 깊게 살펴보며 관계를 형성하고 보여주고 느끼게 하는 것이 필요하다.

● 상호작용을 위한 TIP

▶ 얼굴 표정과 신체 여러 부위를 움직이면서 비교하고 느낌을 표현하는 행동은 상호작용이 원활하지 않은 아이들에게 보다 효과적인 의사 전달을 위한 좋은 방법이 될 수 있으므로 나의 느낌과 기분을 얼굴표정과 몸짓으로 표현한다.

얼굴 표정

얼굴 표정은 많은 의미를 담고 있으며 신체적인 언어 표현 중에서 가장 분명하게 사용되는 것이다. 표정을 통해 유쾌하고 불쾌한 것을 나타내거나, 흥미의 정도를 표현하고, 행복감, 놀람, 두려움, 분노, 슬픔 등 구체적인 정서도 표현할 수 있다. 긍정적인 관계 형성을 위해 자주 사용되는 것은 바로 미소다. 단순하게 입을 움직이는 미소에서부터 활짝 웃기, 싱긋 웃기 등 미소를 통해 다양한 의미를 나타내고 미소를 짓는 사람, 받는 사람 모두 즐거움을 느끼게 된다. 부모와 교사는 아이들과 함께하는 상황마다 눈가에 주름이 잡힐 정도로 크게 미소 짓는 것에서부터 단순히 기쁨을 나타내는 사회적 미소, 애정과 감정이 담긴 즐거운 미소로 대하는 것이 필요하다. 일과 중 아이들에게 긍정적인 영향을 주는 미소는 다음과 같다. 한 가지 짚고 넘어가야 하는 것은 진정성이 없거나, 습관적인 미소, 무표정한 얼굴 표정은 아이와의 의사소통에 전혀 도움이 되지 않는다. 캘리포니아대 심리학과 교수를 지낸 폴 에크먼 교수에 따르면 진짜 미소를 지을 때는 눈의 근육이 함께 움직인다. 반면 5초 이상 소리 없이 입술만 움직여 활짝 미소를 짓는다면 이는 가짜 웃음에 해당한다. 아이는 금세 알아차리며 오해와 혼란, 상처를 낳기도 하므로 진실한 마음과 얼굴 표정으로 대하는 것이 중요하다.

● 밝은 얼굴표정을 위한 TIP

▶ 큰 소리로 환하게 활짝 미소 짓기
▶ 장난치듯 깔깔거리며 관심 보이며 미소 짓기
▶ 기쁨이나 환영, 양보의 표시로 나타내는 미소 짓기
▶ 흥미와 우호적인 태도를 보이며 미소 짓기

눈 맞춤과 사회성

눈 맞춤은 보다 특별한 의사소통으로 관계를 더 개인적이고 친밀하게 만든다. 오랫동안 눈을 고정하고 응시하는 것은 서로를 잘 알고 있으며, 서로 간의 관심과 애착을 나타내는 방법 중 하나다. 대화를 나눌 때, 말을 할 때보다 듣고 있을 때, 더 많이 눈을 맞추며 관심을 가지고 있다는 것을 표현하는 것이 필요하다. 눈을 맞추고 있는 것에 익숙한 아이들은 항상 지켜보고 있다는 것을 의식하고 바르게 행동하고 의사소통하는 것에 더 익숙해질 수 있다.

● 눈 맞춤 TIP

▶ 눈높이를 맞춰 응시하기
▶ 눈의 움직임으로 소리로 대화에 관심을 보인다는 것을 표현하기
▶ 사랑스럽게 바라보며 항상 안정감을 느끼도록 도와주기

이렇듯 아이들의 놀이는 단순히 재미있는 놀이에 그치지 않는다. 놀이를 통해 소통하는 방법과 비언어적 의사전달, 상호작용, 주체성과 독립성, 협동심과 창의성, 사회성, 문제해결능력과 아이의 주도성 등이 발달하게 되고 인간으로서 갖춰야 할 능력이 확대되며 새로운 지식과 정보를 얼마나 정확하게 그리고 빨리 이해하고 처리하는가 하는 것까지 결정하게 된다. 인간의 놀이는 동물의 단순한 욕구(본능) 해결을 위한 놀이와는 다른 인간의 문화에만 존재하는 고유한 특성이다. 인간의 전 생애 중 놀이와 가장 밀착된 삶을 사는 시기는 유아기로서, 놀이를 통하여 자신을 둘러싼 세상을 배우고 이해한다. 즉, 놀이의 과정 속에서 구체적인 사물을 탐색하고, 이해하는 능력을 발전시켜 나간다. 따라서 유아에게 있어서 놀이는 생활 그 자체이면서 학습 그 자체인 것이다.

그림 3 소통과 사회성 발달

또한 아이들은 놀이 활동에 주인이 되어 놀이의 이유와 동기를 만든다. 자신의 활동에서 학습과 놀이의 목적을 스스로 계획하거나 점검하면서 자신의 감정을 적절하게 표현하고 조절할 줄 아는 방법을 배워나간다. 따라서 놀이는 유아의 창의적 사고, 문제해결력, 언어발달, 정서 및 감정의 발달 등에 절대적인 영향을 미치게 된다. 이처럼 놀이는 즐겁고 재미있는 것을 넘어서 다양한 영역에 대한 아이의 재능과 능력이 발전되는 기회를 제공하기 때문에 아이의 발달에 중요하고 교육적으로 가치 있는 활동이다.

　이러한 놀이의 중요성을 이유로 많은 학자들은 놀이가 교육활동을 위한 가장 좋은 도구라고 주장한다. 필자 역시 이점에 대해 동의하며 더불어 놀이는 유아의 발달을 반영하는 척도임과 동시에 적절한 학습기회를 제공해주는 최고의 교육환경이라고 말할 수 있다.

　현명한 부모의 역할은 아이에게 놀이를 통한 자유로운 경험이 학습으로 이어질 수 있는 놀이 환경을 제공해주고 그에 관한 적절한 방법으로 부모와 함께, 교사의 지도, 또래 친구들과의 다양한 놀이의 기회를 만들어주고 놀이에서 자신의 역할을 잘 수행하기 위해 필요한 경험, 지식, 기술, 이해력을 자연스럽게 획득하고 발전해 갈 수 있도록 해야 한다. 이 놀이 과정에서 중요한 점은 아이의 놀이 활동에 대한 이해와 놀이행동을 잘 관찰하고 아이의 자기주도성을 활성화시키는데 조력함으로써 잘 노는 아이가 똑똑한 아이가 된다는 교육적이고 가치 있는 놀이 활동임을 인식하는 것이 중요한다. 아이가 특정 놀이에 몰입할 때마다 풍부한 도파민이 분비되고 특히 전두엽에서 흥미롭고 중요하다고 판단되는 과정에 강하게 몰입할 때 도파민은 더욱 활발하게 공급된다. 도파민은 자신감과 의욕을 일으키며, 목표를 정하고 행동하기 위해 절차화하며 지속적으로 실패나 좌절의 상황에서도 쉽게 포기하지 않고 노력하게 한다. 도파민은 불필요한 자극들을 걸러내고 원하는 목표와 관련된 자극에만 몰입할 수 있게 도와주기 때문에 집중력을 기르는데 도움이 된다. 몰입을 한 후에 느끼는 쾌감은 놀이를 통하여 도파민이 분비되고 도파민 신경전달물질이 전두엽의 역할을 높이는데 있다. 특히 전두엽의 기능은 사고하고 감정을 제어하며 의사소통과 판단하는데 뿐만 아니라 공부하는데도 과정을 절차화하며 체계적으로 수행하게 하는 중요한 기능이다. 도파민이 제대로 역할을 하지 않으면 아이는 무엇을 하겠다는 동기나 의욕을 잃어버리고 집중을 못하여 산만하고 한곳에 집중을 못할 뿐만 아니라 작은 어려움도 쉽게 포기하고 좌절하며 도전하려 하지 않을 것이다.

또한 창의력에서도 영향을 준다. 창의력이란 새롭거나, 처음이거나, 듣도 보도 못한 것이 아니라 알게 된 지식이나 새로운 정보를 재배열하거나 통합하면서 다른 방법으로 생각하고 만들어가는 것이다. 창의력이란 특정인의 전유물만은 아니다. 일상의 다양한 활동 속에 경험을 토대로 깊은 생각을 통해 문제를 다르게 보거나 새로운 해결방법을 찾는 능력이다. 무언가 새롭고 즐거운 다른 사고를 만들어내는 능력, 즉 창의력이 발휘되는 것이다. 놀이는 재미가 중요하다. 놀이의 쾌감이 자극이 되어 전두엽에서 도파민과 같은 신경전달물질이 분비되고, 활성화되면서 창의력이 높아지는 것이다.

우리나라의 한 고등학교에서는 수업이 시작하기 전 일정 시간 오전에 신체 활동을 하게 한 결과, 수업시간에 집중력이 월등히 향상되었다고

한다. 학생들이 활발한 동적활동 시간을 갖게 함으로써 그 뒤의 지적인
지 활동시간에도 학생들의 집중력을 높였던 것이다. 하지만 안타깝게도
요즘 아이들이 그런 신체운동을 할 기회가 점점 줄어들고 있다. 요즘 엄
마들의 과잉보호의 정도는 오히려 아이들의 능력을 발달시키고 성장시키
는 것에 방해가 되고 있을 정도로 우려스럽다. 친구들끼리 몸을 부대끼며
장난만 쳐도 다칠까 걱정을 하고, 웬만한 바깥 놀이는 위험하다고 하지
못하는 것이 현실이다. 그러니 근육과 신경의 흥분과 이완의 순환 고리가
만들어지지 않는 것이다. 온몸의 근육을 총동원해서 역동적으로 움직이
는 경험이 뇌를 자극하고, 그래야 뇌는 차츰 바른 균형을 잡아가게 된다.

균형이란 신체적인 균형만을 말하는 것이 아니다. 놀이를 통하여 상대방
의 감정을 읽고 판단하고 분별하는 능력을 자연스럽게 발전시킨다. 상대의 표
정에서 읽혀진 단서를 처리하고 적절한 상호작용을 할 수 있도록 정보를
변연계를 지나 편도체에 넘긴다. 이 정보를 바탕으로 아이는 감정을 조절
하고 행동을 통제한다. 다시 말해 사회성이 발달한다는 것이다. 요즈음
유아교육기관에서는 혼자서는 그럭저럭 놀지만 친구들과 어울려서 노는
것을 어려워하고 서투른 아이, 친구를 사귀지도 못하는 아이가 많아졌다
고 한다. 이러한 면에서 논다는 것은 많은 아이들 속에서 서로 부딪히면
서 여러 환경을 접하는 경험이라는 점에서 매우 중요하다. 놀이를 통해서
또래와 주장해야 할 것은 주장하고, 양보해야 할 것, 참아야 할 것, 이해

해야 할 것과 같은 사회의 규칙을 몸으로 익혀야 한다. 놀이는 이 과정에서 큰 역할을 할 수 있을 것이다.

한 번쯤은 들어봤을 자기조절능력과 자기주도성은 아이가 놀이에서 학습동기를 조절하고, 인지능력을 향상시켜 나가는 것으로 유아기에 형성되어야 하는 매우 중요한 능력이다. 또한 자기조절능력의 발달은 아이 스스로 자신의 행동을 조절하고, 놀이 환경에서 적절한 상호작용방법을 터득함으로써 아이 스스로 놀이에 대한 동기와 목표를 성취하도록 도와주는 역할을 한다. 더불어 아이에게 긍정적 정서와 자아존중감, 자기효능감, 자아성취감을 높여주고 나아가 창의성과 협동심에 도움을 주며 대상의 관점을 공유할 줄 아는 아이 즉 감정을 조절하면서 놀이를 이해하여 주도적으로 참여하는 공감능력을 갖게 된다.

이 책에서는 부모와 교사들이 놀이에 대한 본질적인 이해는 물론 놀이교육 철학과 목표를 올바로 이해하고, 보다 효과적인 지도 방법을 습득하여 놀이교육에 도움을 주는 것에 그 목적을 둔다.

4. 상호작용을 위한 질문 및 중요성

질문이란 어떤 활동 목표를 향해 가도록 돕고, 동기를 유발하며, 아이의 사고를 자극하여 적극적이고 능동적으로 활동 참여를 증진시켜 문제 제기로 이어가는 의도적인 질문이다. 상호작용의 질은 학습의 질을 결정하는데 의문문으로 구성되는 질문은 언어적 상호작용의 핵심이다.

질문은 마치 미지의 세계에서 사고를 자극하여 도달하고자 하려는 것에 대한 방향을 제시하여 주고, 그것을 끊임없이 탐구할 수 있게 하여 발전할 수 있도록 도와주는 역할을 한다. 그리고 어떠한 질문을 하느냐에 따라 스스로 탐구할 수 있도록 유도하기도 한다. 예를 들면, 씨앗 심기활동에서 필요한 것들을 알아보면서 엄마에게 "엄마 씨앗을 심으려면 흙이 필요해요."라고 말을 했을 경우, 엄마는 "씨앗은 꼭 흙에만 심어야 할까?, 흙 말고 씨앗을 심을 방법은 없을까?"라고 물을 수 있다. 이럴 경우 스스로 호기심을 가지고 탐구하며 그것을 해결하려고 여러 가지 방법을 생각해 볼 것이다. 하지만 같은 활동에서 "씨앗은 흙에 심어야 하지요?"라고 폐쇄적인 질문을 한다면 "예" 또는 "아니요" 라는 대답만을 하게 될 것이다. 이처럼 질문은 사고하는 능력에 중요한 수단이며, 질문은 유아의 사고 활동을 촉진하는 문제 제기의 과정으로 학습지도의 핵심기술이라고 할 수 있다.

적절한 질문은 자유로운 분위기 속에서 충분한 토론까지도 가능하게 한다. 또한 다양한 언어를 활용하는 어휘력과 표현력, 상상력이 향상된다. 획일적이지 않은 질문이 창의성 및 언어적 사고, 공감능력 증진에 효과적이다. 또한 오스트리아가 낳은 미술교육자 프란츠 찌제크 (Franz Cizk)로부터 시작된 미술교육은 어린이의 예술적, 정서적, 교육적 효과를 실증하였다. 1940~1960년대를 주도한 놀이미술교육의 중심사상은 창의적이며 자유로운 자아표현 중심의 표현 활동이었다. 이와 같이 예술적 표현능력을 향상시킨다는 연구도 있다. 부모가 아이에게 효과적인 질문을 하기 위해 유의해야 할 사항은 다음과 같다.

첫째, 질문을 할 때 상상력을 키워주고 상호관계를 묻는 개방식 질문을 많이 하고, 예, 아니오 식의 한 가지 대답을 요구하는 단답식 질문이나 극히 제한된 묘사만을 요구하는 폐쇄적 질문은 최소화한다.

둘째, 사실적 질문과 사고촉진 질문이 균형을 이루고 단순한 질문과 어려운 질문을 함께 준비하여 아이가 참여할 수 있게 한다.

셋째, 질문에 대해 생각할 충분한 시간을 준다. 질문을 한 다음에 적어도 5초 이상 기다려 아이가 충분히 생각을 하도록 기다리는 것이 필요하다. 아이들의 생각을 재촉하는 것과 항상 옳은 대답만을 인정하는 것은 삼간다.

넷째, 유아의 수준에 맞는 정확한 문장으로 질문하여 재질문이나 반복을 피한다.

다섯째, 아이가 반응하지 못하거나 잘못 답하였을 때에는 조금 더 쉬운 예를 들어 질문한다.

여섯째, 질문하기 전에 정답을 맞혀야 한다는 부담을 주지 않는다.

일곱째, 아이의 반응이 옳다 해도 항상 최초의 반응으로만 그치지 말고 그것을 뛰어넘어 탐색하도록 격려하는 것이 좋다. 그래서 질문에 대해 여러 반응을 고루 얻을 수 있어야 한다.

여덟째, 질문이 연속되게 한다. 예를 들어 자동차, 트럭, 공룡에 대해 질문한 후 그것들이 어떤 역할을 하는지 또는 서로의 공통점과 다른 점은 어떤 것인지에 대하여 연속적으로 질문하여 사고하고 추론이 끊이지 않고 연결되도록 한다.

아홉째, 아이의 집중력과 경청하는 능력을 떨어뜨릴 수 있으므로 원하는 답을 할 때까지 질문의 반복을 피한다.

열째, 질문을 한 후에 적당한 시간을 두고 생각한 대답을 할 때에는 손을 들고 대답하는 방법을 알려주고 그렇게 행동하면 칭찬을 해준다.

이와 같이 아이가 질문에 대해 충분히 생각하도록 기다려주며 자유롭고 창의적인 분위기에서 다양하게 반응하도록 격려해 주어야 한다.

사회성과 긍정적인 사고를 위한 질문

또래와의 긍정적인 경험은 사회성과 지식, 삶의 기술을 발달시킨다. 사회성 촉진을 위해 부모는 상호작용할 수 있는 놀이에 참여하고 또래 간 긍정적인 관계형성이 이루어질 수 있도록 환경을 만들어야 한다. 사회성을 촉진시키기 위한 질문 방법은 다음과 같다.

➕ 협상하기 서로 다른 입장을 협의하는 것
- 우리 같이 할 수 있는 방법을 생각해볼까요?
- 어떻게 하면 같이 갈 수 있을까요?
- 어떤 놀이를 먼저 하는 것이 좋을까요?
- 친구가 울고 있네요. 어떻게 위로해줄까요?
- 친구들이 서로 ○○을 하고 싶어 하는데 어떻게 해야 할까요?

➕ 타인과 대화 요청하기 어떤 일이 이루어지도록 부탁하는 것
- ○○에게 말해보겠니?
- 너와 함께 하고 싶은 친구는 누구인지 이야기해주겠니?
- ○○와 함께 이야기해 볼까요?
- 엄마한테 너의 생각을 말해줄 수 있겠니?

➕ 참여하기 어떤 일이나 놀이에 참여하여 관계를 갖는 것
- ○○놀이를 해보겠니?
- 저 친구들과 함께 해볼까요?
- 엄마가 도와줄까요?
- ○○가 ~을 하는데 도와줄 수 있나요?

➕ 차례 지키기 순서에 따라 하도록 하는 것
- 누구 차례일까요?
- 말하고 싶은 친구는 손을 들어볼까요?
- ○○하기 위해 차례대로 나와 볼까요?
- 어떤 방법으로 순서를 정해볼까요?
- ○○는 누가 먼저 해볼까요?

　　부모와 교사는 아이에게 진심어린 태도로 관심을 보이면서 인정하고 따뜻한 말, 신체적 접촉, 수용적인 눈빛 등 언어적, 비언어적 상호작용을 해야 한다. 아이가 스스로 가치 있는 존재라고 인식할 수 있도록 표현하는 지지적인 상호작용은 긍정적인 사고촉진과 자아존중감을 높여준다. 긍정적인 사고를 촉진하기 위해서는 다음과 같은 언어를 사용할 수 있다.

➕ 신뢰하기 믿고 의지하는 마음
- 엄마는 ○○가 잘 할 수 있을 거라고 생각해.
- ○○이가 혼자 힘으로 잘 해낼 수 있을 거야!
- ○○이가 잘 생각하고 결정했다고 믿어

➕ 격려하기 용기나 힘 등을 북돋아주는 것
- 그렇게도 생각할 수 있겠구나.
- 참 재미있는 생각이구나.
- ○○이는 잘 할 수 있을 거야!
- 그렇게 하니 훨씬 좋아 보이는구나.
- 처음보다 점점 좋아지는걸.

➕ 경청하기 마음을 읽어주는 것

- 우유가 먹고 싶지 않았구나.
- ○○가 져서 많이 속상하구나.
- 그림을 그리기가 힘든 것 같구나.
- 친구와 놀고 싶구나.

➕ 인정하기 확실히 그렇다고 여기는 것

- 처음보다 많이 좋아져서 앞으로 더욱 잘 할 것 같은데.
- 오늘은 어제보다 더 멋진걸.
- 정말 열심히 한 것 같구나.
- 힘든 일을 끝까지 해냈구나.

그림 4 질문은 문제해결력, 창의성, 언어능력,
표현능력 등에 큰 영향을 미친다.

놀이의 힘! 잘~ 놀아야 똑똑한 아이가 된다

탐구적인 아이 문제해결능력 향상 질문

아이는 주변 환경에 대해 많은 관심과 호기심을 보이면서 끊임없이 질문하고 같은 질문을 반복하기도 한다. 부모와 교사의 적절한 상호작용이 아이의 지식을 확장시키고 인지 발달에 도움이 될 수 있으며, 이는 문제해결능력 향상에도 영향을 준다. 아이의 문제해결 능력을 향상시키기 위한 질문의 방법은 다음과 같다.

⊕ 대안 제시하기 다른 방법이나 관점을 찾아보게 하는 것
- 다른 방법은 없을까?
- 높은 나무에 매달린 과일은 어떻게 딸 수 있을까요?
- ~가 없다면 ○○은 어떻게 할 수 있을까요?
- 만약 ~ 가 없다면 어떻게 해야 할까요?

⊕ 창의적 사고 끌어내기 새로운 생각이나 의견을 끌어내는 것
- 이번에는 어떤 모양으로 만들면 좋을까요?
- ○○이는 무엇을 생각하나요?
- 친구들과 물감으로 어떻게 놀이하면 좋을까요?
- 물감과 밀가루 점토로 어떻게 하면 좋을까요?

⊕ 문제 해결하기 문제해결을 위한 사고를 촉진하는 것
- 이 중에서 가장 ~한 것을 찾는 방법은 무엇일까요?
- 좁은 곳에 커다란 블록은 어디에 놓아야 할까요?
- 우리가 만든 로켓의 이름은 무엇으로 지어볼까요?

➕ 평가하기 옳고 그름이나 적합, 부적합에 대해 평가하는 것

- 친구들이 정한 규칙에 대해 이야기해보자.
- 산책을 가려는데 먼저 나가려고 친구를 밀면 어떻게 되겠니?
- 오늘 새 놀잇감은 어땠니?
- 차가운 음식을 많이 먹으면 어떻게 될까요?

아이는 주변 환경에 대해 호기심을 갖고 끊임없이 궁금해 하는 시기이므로 지속적으로 탐구하려는 마음과 과정을 즐기는 태도를 기르도록 바람직한 상호작용을 해야 한다. 탐구적 태도를 격려하는 질문 방법은 다음과 같다.

➕ 관심 갖기 신경 또는 주의를 기울이도록 하는 것

- ○○에는 무엇이 있을까요?
- 이곳은 어떤 곳일까요?
- 주변에 무엇이 있는지 찾아볼까요?
- 창 밖에는 무엇이 보이나요?
- 친구들은 어떤 놀이를 하고 있을까?

➕ 과정 즐기기 진행 중인 경로를 즐기는 것

- ○○이는 그림 그리기를 좋아하는구나?
- 지금 하고 있는 ○○ 놀이가 재미있니?
- ○○이가 쌓고 있는 멋진 건물 이름을 말해줄 수 있니?
- 점토놀이가 즐거운 모양이구나.

➕ 확장하기 사고의 범위를 늘리기 위해 다른 방법으로 유도하는 것

- 그 일이 왜 일어났는지 말해줄 수 있니?
- 너의 생각이 또 있니?
- 내일은 어떻게 하고 싶니?
- 원숭이가 좋아하는 과일은 무엇일까?
- 파란색 물감으로 좀 더 칠해보면 어떻겠니?

➕ 정보 제공하기 어떤 상황에 대한 새로운 자료, 힌트를 주는 것

- 물고기 그림이 필요하면 그림책에서 찾아보자.
- 구름을 표현하고 싶으면 하늘을 살펴볼까?
- 날씨를 알고 싶으면 일기예보를 알아보면 어떻겠니?

논리 수학적 질문 기술

논리 수학적 지식활동은 모든 사물, 사건, 행동 간의 관계를 인지적으로 비교하여 유사점과 차이점을 찾고 이해하는 과정을 포함한다. 이러한 과정은 개인 내적인 활동이며, 아이는 내적인 경험을 기초로 관계를 이해하고 추론할 수 있는 능력을 갖추게 된다. 아이의 논리 수학적 지식 활동을 위한 질문의 방법은 다음과 같다.

➕ 비교하기 유사점과 차이점을 비교해보는 것

- 낮에 불을 켰을 때와 껐을 때, 언제가 더 밝을까요?
- 버스와 기차 중 어느 쪽이 더 빠르니?

- 이것이 어떻게 똑같나요? 다르나요?
- 연필과 크레파스 중에서 어느 것이 더 길까요? 짧을까요?
- 누가 가장 많이 가지고 있을까요?

➕ 지식 적용하기 이미 알고 있는 지식으로 대답을 요하는 것
- 우리가 살펴보았던 곡식 중에 검은색 알갱이의 곡식은 무엇일까요?
- 이가 아플 때 가는 병원은 어디일까요?
- 꽃이 잘 자라려면 무엇이 필요할까요?

➕ 재경험하기 과거의 경험을 회상시키는 것
- ~을 다시 보여줄 수 있니?
- ○○이의 방법을 친구들에게 소개해줄 수 있겠니?
- 지난번에 했던 놀이를 다시 해볼까요?
- 어떤 놀이가 좋았는지 이야기해 볼까요?

➕ 변형하기 사물의 성질 변화에 관한 것
- 얼음이 녹으면 어떻게 될까요?
- 눈사람에 해가 비치면 어떻게 될까요?
- 젖은 옷을 햇볕에 걸어두면 어떻게 될까요?
- 물을 계속 끓이면 어떻게 될까요?
- 쓰레기를 흙 속에 묻어두면 어떻게 될까요?

일상에서의 아이들은 연령에 따라 다양한 놀이 환경과 또래, 놀잇감, 놀이 자료들을 접하게 된다. 특히 교실이라는 환경에서 여러 개체와 상호작용하면서 기본적인 규칙을 이해하게 되고 갈등 상황을 겪기도 하며, 함께하는 즐거움도 느끼게 된다. 일상생활에서는 아이들이 연령별로 갖추어야 할 기본생활습관 뿐만 아니라 필요한 규칙을 이해할 수 있도록 상호작용해주는 것이 필요하다. 아이의 일상생활 기술을 향상시키기 위한 질문의 방법은 다음과 같다.

⊕ **반복해주기** 어떤 지식이나 습관 등을 되풀이하는 것
- 오늘 만난 친구와 인사 나눠볼까요?
- ○○의 생각을 다시 말해줄 수 있겠니?
- ○○이가 준 것이 이게 맞나요?
- 오늘도 지난번처럼 놀잇감을 잘 정리할 수 있지요?

⊕ **구체화하** 생각이나 행동을 좀 더 구체화하는 것
- 누가 말해주었나요?
- 손은 씻었나요?
- 옷을 바르게 입었나요?
- 무엇을 했나요?

⊕ **명료화하기** 어떤 일이나 현상을 분명하고 또렷하게 하는 것
- 궁금한 것이 있나요?
- 무엇이 필요한가요?
- 주말에 어디 다녀왔나요?
- 오늘은 무엇을 하기로 했나요?
- 다음에는 무엇을 하고 싶나요?

⊕ **유추하기** 미루어 짐작해 보는 것
- 몸을 깨끗이 씻지 않으면 어떻게 될까요?
- 친구를 때리면 어떻게 될까요?
- 함께 놀이하는 시간에 돌아다니면 어떻게 될까요?
- 놀잇감을 나눠 쓰지 않으면 어떨 것 같나요?

II.
미래 인재의 핵심 역량 공감능력과
자기주도성에 있다

1. 공감능력과 관계성

부모들은 자신의 아이가 친구들과 잘 어울리고 유치원 또는 학교생활에 잘 적응하고 즐겁게 지내기를 바란다. 그런데 그 바탕에는 어린 시절 놀이의 경험이 중요하다. 제대로 잘 놀아 본 아이가 공부도 잘하고 사회성도 높고 리더십도 발휘한다. 아이와 어떻게 놀이를 하고 여가 시간을 보

그림 5 놀이 활동은 공감과 의사소통 능력을 발전시킨다.

내야 사회성이 풍부한 아이로 키울 수 있을까? 우리 인간이 동물들과 특별히 구분되는 특징에 감동적인 장면이나 사회 소외계층의 고달픈 삶, 아프리카의 극심한 기근에 시달리는 뼈만 남아서 소리내어 울지도 못하는 어린 아이가 나오는 다큐나, 인간극장과 같은 TV시청을 하다가 나도 모르게 눈물을 흘리게 되는 것은 '아~불쌍하다, 너무 고통스럽겠다, 아프겠다…'와 같은 공감하는 마음이 매우 자연스럽게 형성되기 때문이다.

　　공감능력은 '당신의 기분을 이해하고, 당신의 상황을 조금이라도 알고 느끼고 있다'는 것과 같이 다른 사람의 상황이나 기분을 함께 느낄 수 있는 능력을 말한다. 이러한 공감능력은 태어나면서 자연스럽게 발전되어 간다. 아이들은 태어나서 얼마 되지 않았는데도 무슨 뜻인지는 알지 못하지만 엄마의 목소리나 표정을 통해서 엄마의 감정을 느끼고, 엄마가 나누는 대

51

그림 6 좋아하는 크래커를 먹을 때는 메스꺼운 표정을 짓고, 싫어하는 브로콜리를 먹을 때는 맛있는 표정을 지어 보이는 실험. 〈출처: 유토이미지〉

화의 목소리의 크기나 음색(tone)에 따라 감정이나 분위기를 알아차리기도 하고, 엄마와의 놀이를 통해서 애착과 언어를 배우며 사회성을 배우고 공감능력 역시 발전해나간다.

또 혼자서 바나나를 전화기처럼 귀에 가져다 대고선 마치 진짜 전화 통화를 하는 것처럼 어른 흉내를 내기도 하면서 대화를 나누는 놀이를 하거나 인형에게 이름을 붙여주고, 의사가 되어 보기도 하고 간호사가 되기도 한다. 공룡을 좋아하는 아이는 자신을 공룡이라고 믿기도 하면서 장난감들과 상황을 만들고 대화한다. 또는 엄마가 자기에게 했던 것과 같이 먹여주기도 하면서, 자장가를 부르며 재워주고, 추울까 봐 옷도 입히고 이불을 덮어주며 잘 자라고 토닥이기도 한다. 이러한 모든 과정은 다른 사람의 마음을 감정이입하고 이해하며 상대의 감정을 공감해가는 놀이 활동을 통해 자연스럽게 배워나가는 것이다.

　　이러한 사회인지 발달은 예상보다 훨씬 어릴 때부터 시작되는데, 예를 들어 아직 말도 제대로 하지 못하는 18개월 아이들조차 다른 사람의 입장을 생각할 수 있다. 실험에서 실험자는 아이들이 싫어하는 야채와 아이들이 좋아하는 크래커를 아이들 앞에 두고서 크래커를 먹으면서는 Eww! 으엑, 으으으(더럽다고 느끼는 감정표현)하고 메스꺼운 표정을 보이고 야채인 브로콜리를 먹으면서는 Mmm음음(맛이 있을 때 내는 소리)하며 맛있다는 표정을 지어 보였다. 이후 연구에 참여한 18개월 된 아이들의 70%는 자신이 맛있다고 여기는 크래커가 아닌, 연구자가 맛있다고 표현한 브로콜리를 손에 올려주었다. 이와 같은 실험은 두 살도 안 된 아이들도 상대의 반응을 살피고 눈치를 보며 그에 따라 행동할 수 있다는 것을 보여준다. 어린 아이가 어른들의 말을 모두 이해하고 알아듣는 것은 아니다. 그러나 부모가 하는 말의 크기, 눈의 움직임, 손짓은 아이에게 의사소통과 공감의 통로를 여는데 크게 작용한다.

　　이러한 공감능력은 성장하면서 자연스럽게 발달되는 것은 아니다. 아주 어렸을 때부터 아이가 알아듣거나 그렇지 못하더라도 관계없이 부모는 아이와 끊임없이 놀이를 통한 의사소통을 시도해야 한다. 많은 저명한 학자들은 부모에게 자녀와 지속적으로 의사소통을 해야 한다고 그 중요성을 강조한다. 그러한 대화에는 두 가지 이점이 있다.

첫째, 부모와 많은 대화를 하는 어린 자녀들은 앞으로 사회성, 대인관계, 문제 해결능력, 자기주도성, 소통방법 등에서 올바른 방향감각을 잡아가는데 있어서 그렇지 않은 아이들과 비교해 큰 차이를 보인다.

둘째, 부모와 자녀가 지속적으로 놀이 활동을 통한 이야기를 나누게 되면 부모를 더 잘 이해하게 되고 공감능력과 결정의 질이 높고, 창의성 또한 그렇지 않은 아이들에 비해 크게 차이가 있음을 알 수 있다. 이 시기의 부모와 또래와의 놀이 활동은 어린 자녀들이 내성적으로 변하고, 외로움을 느끼게 되고, 예측하기가 힘든 사춘기에 접어들면서 특히 더 중요해진다. 전문가들은 부모와의 많은 의사소통을 통해서 배울 기회가 적다면 아이는 청소년기의 사춘기를 매우 어렵게 극복해야 할 것이라고 말한다.

저명한 미래학자인 앨빈 토플러는 한국 교육에 대해 다음과 같이 충고한 바 있다. "한국의 학생들은 하루 15시간 동안 학교와 학원에서 미래에 필요하지도 않는 지식과 존재하지도 않을 직업을 위해 시간을 낭비하고 있다." 이 이야기는 미래 사회는 단순히 지식과 정보를 제공받는 교육만으로는 충분하지 않다는 뜻이다. 이는 세상이 빠르게 변화하기 때문에 지식의 많고 적음이 인간의 경쟁력이 될 수 없다는 의미이다.

또한 그는 다음과 같은 가상시나리오를 세우기도 했다. 아프리카 어느 강 유역에 원시 민족이 살고 있었는데 백인들이 나타나 그 인근 상류에 거대한 댐을 건설하기 시작했다. 10년쯤 후 댐이 완공되면 강물이 말라 그들의 생활환경에 커다란 변화가 일어날 것인데도 이를 모르는 원시 민족은 그들의 후손에게 생활하는 방법으로 물고기를 잡는 법, 카누를 만드는 법 등을 여전히 가르치고 있었다. 어느 날 갑자기 댐이 완성되자 그 원시 종족과 그들의 문화는 지구상에서 자취를 감추게 되었다. 불과 10년 만에 한 민족이 사라졌다는 것이다. 끊임없이 변화가 일어나는 세상에서 살아남기 위해서는 자기 스스로 환경에 대응하고 학습하며 새로운 정보를 선택하여 활용하는 능력, 미래의 변화를 예측하는 통찰력이 중요하다는 것이다.

자기주도성이란 살아가면서 언제든지 '왜?'라고 자유롭게 질문을 던지는 것이다. 즉, 자신이 알고 이해한 내용을 삶에 적용하고 주도적으로 이끌어가면서 행복을 느끼고 표현하는 것이다. 자기주도적인 아이는 누가 시켜서가 아니라 스스로 해야 한다는 것을 정확하게 알기 때문에 자신의 의지에 따라 행동한다. 이런 아이들은 자기 마음속에 있는 호기심이나 즐거움을 바탕으로 자신의 욕구를 알아채고 욕구를 해소시켜 나간다. 때로는 과정이 힘들더라도 이 활동이 얼마나 중요한지, 왜 필요한지를 스스

그림 7 자발적인 놀이는 성취감과 아이의 행복에 기여한다.

로 알아차리고 이해한다. 이러한 아이는 웬만한 어려움과 실패에 좌절하지 않고 도전한다. 즉, 본인이 원하는 것을 얻기 위해 자신의 의지를 조절하고 감정을 통제해 나가는 것이다. 상대를 인정하고 존중하며 친절하다. 앞으로 살아갈 사회에서 필요로 하는 핵심 역량을 준비해 나간다는 것이다.

놀이 활동은 체험 등을 통해 아이들에게 즐거움과 행복을 느끼게 해준다. 발단단계에 적합한 놀이프로그램과 부모, 선생님 그리고 또래와의 상호작용을 통한 놀이 활동은 여러 번의 작은 실패들과 성공의 경험을 반복하면서 아이들은 좀 더 세련되어지고 능동적이 되며 논리와 창의성을 겸비한 자기주도적인 매우 훌륭한 인간으로 성장하게 될 것이다. 특히 즐거운 놀이·체험활동은 아이에게 자신이 좋아하지 않는 영역이나 잘 하지 못하는 영역에 대해서도 호기심을 가지고 노력하고 도전하도록 해준다. 이러한 도전은 아이에게 성공의 경험을 쌓을 수 있도록 도와주며 성취감과 행복감을 느끼고 다른 활동도 충분히 가치 있고 스스로 해낼 수 있다는 믿음을 갖게 한다.

놀이 활동은 아이들에게 행복한 경험이 가장 소중한 자산임을 강조한다. 행복한 사람은 긍정적 사고를 가지게 되며 긍정적인 사람들은 자존감이 향상된다. 자존감이 높아지면 학습에 대한 동기와 주의집중력, 기억력에 매우 큰 영향을 준다. 또한 매사에 적극적이고 도전적이며 열정과 끈기를 가지고 주도적인 삶을 살아갈 수 있다. 이처럼 놀이 활동은 아이가 장차 성장해서 성인이 되었을 때 사회에서 필요하고 이로운 사람이 되기 위해 그리고 미래의 핵심 역량인 공감능력과 자기주도성을 갖춘 사람이 되기 위한 준비라고 할 수 있다.

2. 아이의 커다란 힘 자기주도성

아이들은 놀이와 체험을 통해 다양한 경험을 하게 된다. 이러한 경험의 목적은 아이들이 부모의 통제나 환경적인 제약으로 인해 평소에는 알아차리지 못했던 자신의 욕구나 기질, 특성, 잘 하는 것과 못하는 것을 확인하고 표현하면서 목표를 정하고 즐거움과 행복감을 느끼게 해준다. 이러한 놀이 활동을 통해 자기주도적인 아이로 성장하는 것이 당연하며 부족한 점을 알게 되고 발전해야 하는 것을 구분함으로써 모르는 것을 줄여가며 얻어진 즐거움과 행복감은 아이들의 자기주도성을 형성하는데 커다란 힘과 도움이 된다.

자기주도성에 대한 개념은 성공적인 삶을 살아가는 인간을 정의내리기 위한 관점에서 시작되었다. 성공한 사람들의 행동 특징을 분석한 결과 그들에게서 자기효능감, 개방성과 자율성, 긍정적 자아, 목표지향성, 집중력, 인내심, 적응능력 등 다양한 요인들이 발견되었다. 이러한 요인들은 보통사람들과 구별되는 특별한 것이다. 이러한 요인들이 결국 성공의 원인이 된다는 사실이 밝혀지기 시작하였다. 결국 자기주도성은 누가 시키지 않아도 스스로 행동하는 특성 때문에 성공의 개념을 내포하는 중요한 의미로 자리 잡게 되었다.

이러한 자기주도성은 성인에게만 가능한 능력이 아니라, 어린 아이들도 자기주도적인 성향을 가지고 있으며 자기주도적인 학습을 할 수 있다. 특히 유아기는 성인기에 발현되는 자기주도성의 기초가 길러지는 아주 중요한 시기이다. 그러므로 아이들이 어릴 때부터 다양한 놀이나 자신의 생각을 스스로 표현해보는 등의 활동을 자유롭게 접할 수 있는 환경에서 자라게 된다면 자기주도성의 발달을 훨씬 더 앞당기고 폭넓게 만들어 성인이 된 이후의 삶에도 매우 긍정적인 영향을 주게 될 것이다.

아이들은 다양한 재료를 활용하여 다양한 경험과 지각, 놀이, 재료들 간의 연합과 연상, 상상 등의 활동을 진행한다. 이러한 경험을 통해 보다 창의적이면서도 주도적인 사고와 표현을 할 수 있다. 이러한 놀이재료와 부모, 전문 교사의 조화는 자기주도성을 형성하는데 매우 효과적이다. 나아가 유아기에 형성된 자기주도성은 아이들의 삶에 내재되어 성인이 된 이후의 삶에도 매우 긍정적인 영향을 미친다.

자신의 행동에 부정적인 생각이 강한 아이들에게 행동에 대한 목표를 설정하고, 계획하고, 실행에 옮기는 것을 기대할 수는 없다. 이러한 아이들에게 자기주도성이 만들어질 가능성 역시 매우 희박하다. 자기주도성이 떨어지는 아이들에게는 아무리 부모의 지원과 우수한 교사나 교육프로그램 등이 제공되어도 그 효과가 제대로 나타나지 않는다.

그렇기 때문에 자기주도성 향상을 위해서는 동기를 갖게 해주는 것이 무엇보다 중요하다. 하지만 부모나 교사들에 의해 일시적으로 유도되는 외재적 동기(너는 똑똑해, 너는 천재야, 타고났어, 너는 기본적으로 아이큐가 높은 아이야 등)와 같은 칭찬일색의 표현은 아이를 평가목표성향으로 인도하는 지름길이다. 외적인 칭찬보다는 내적 동기(노력하는 모습이 자랑스럽구나, 목표를 정하고 힘들어도 포기하지 않는 모습을 보니 엄마가 너무 행복해, 이런 결과를 만들기 위해서 노력한 점 칭찬하고 싶

그림 8 스스로 표현하고 내적인 동기를 만든다.

다)가 더 효과적이다. 이를 위해서는 아이들 스스로 자신이 진정 원하는 것을 이해하고 목표를 설정하는 것을 통해 행동의 이유를 찾아내는 것이 필요하다. 또한 내가 하고 싶은 놀이의 목표를 이해하고, 놀이에 주도적으로 참여하는 경험을 함으로써 자기 동기를 갖게 되는 것이 중요하다. 자기 동기는 자기주도적인 인재로 성장하기 위한 가장 강력한 엔진이기 때문이다.

주변에 보면 타고난 아이들이 있다. 누가 시키지 않아도 어쩜 신기할 정도로 알아서 척척 하는지 뭐든 스스로 잘 만들어서 자신의 주도성을 유지하려는 아이들이 있긴 하지만 대다수는 그렇지 못한 경우가 더 많다. 특히 연령이 어릴수록 스스로 동기를 만들어서 몰입하는 것이 어렵다. 그렇기 때문에 아이에게 동기조절 능력을 키워주기 위해서는 교사나 부모, 또래의 역할이 중요하다.

놀이의 목적은 문제해결능력과 내면의 생각, 계획을 밖으로 표출하는 표현능력의 향상이며, 표현 가능성을 자유롭게 확대시켜 나가는 것이 특징이다. 아이들은 놀이 활동에서 부모, 친구, 블럭, 공, 과일, 물감, 요리재료, 재활용품 등의 재료를 사용한다. 그렇기 때문에 아이들이 스스로 원하는 재료의 선택 및 조작을 통해 다양한 놀이로 발전시킬 수 있다. 아이들은 스스로의 선택을 통해 놀이에 대한 동기가 형성되거나 또래들과의 상호작용, 공감, 의사소통과 같은 발전되어야 할 기능은 부모와 교사의 도움으로 다양한 재료와 놀이에 집중하며 놀이 활동에 적극적으로 참여한다. 이러한 아이들의 참여 동기는 신체자극, 재료의 활용, 다양한 상상, 사고의 표현 등을 거친다. 아이들은 이러한 프로그램을 통해서 본인이 놀이의 주체가 되어 자신의 활동과 경험을 성공적으로 이끈다. 이러한 작은 성공의 경험은 아이들에게 즐거움, 행복감, 성취감을 제공한다. 결국 아이들은 자신의 놀이 행동에 스스로 확신을 갖게 되면서 학습동기도 확장하고 다양한 능력을 향상시켜 큰 성공도 경험해 나갈 수 있다.

3. 미래 핵심역량인 자기주도성

아이들은 자신의 의지대로 주도적으로 활동할 때 즐거움을 느끼고 놀이라고 느낀다. 자신이 주도적으로 참여하는 신체표현이나 게임 활동을 놀이라고 인식하는 것을 보았을 때 놀이인지 아닌지의 구분에 있어서 자기주도성이 중요한 요인이라 할 수 있다. 에릭슨(Erikson)은 자신의 삶을 적극적으로 이끌어가는 능력인 자기주도성이 유아기에 길러져야 한다고 강조하였다. 유아기에 형성된 자기주도성은 긍정적인 또래관계 및 자신감 향상에 중요한 영향을 미친다. 자기주도성은 자동적으로 만들어지기보다는 마치 기능과 같아서 어릴 때부터 훈련과 연습을 통하여 발달시켜 나가야 한다. 예를 들어 자전거 타기나 수영의 경우처럼 어렸을 때부터 배우고 연습하면 성인이 되어서도 쉽고 편하게 많은 기능들을 사용할 수 있다. 하지만 어린 시절에 한 번도 연습하거나 배우지 않은 채 성인이 되었을 때는 균형 감각이나 속도감, 물에 대한 친화력의 부재 등으로 인한 심리적인 거리감으로 인해 쉽게 배울 수 없는 것과 같은 이치이다. 자기주도성도 마찬가지로 사람에게 내재되어 있는 기능이기는 하지만 어릴 때부터 연습이나 훈련되지 않은 상태로 성장하게 되면 성인이 되었을 때 그 기능을 만들어내는 것이 매우 힘들다. 결국 우리 아이들이 자기주도성을 갖기 위해서는 아이 때부터 놀이를 통해 자기조절(만족지연 능력) 경험을 쌓고 부모와 함께 놀이 경험의 과정과 결과를 분석·검토, 수정 및 보완해 가는 연습이 필요한 것이다.

이때 아이들에게 자신의 환경을 적절히 구성하여 제공해주면 자기주도성 형성에 많은 도움이 될 것이다. 유아기에 만들어진 자기주도성은 아이들이 성장해 가면서 바람직한 목표성향의 계발, 높은 자기효능감 형성, 메타인지 능력 및 창의성의 발현, 만족지연 능력의 향상에 큰 효과를 발휘할 것이다.

놀이는 자발적인 활동이라는 점에서 행동적 요소를 포함한다. 행동조절이란 의미 있는 경험이나 인지적인 활동을 진행할 때 자신의 행동을 제한하고 구체적으로 구성해 나가는 것이다.

그림 9 놀이도구는 상호작용의 자연스러운 연습이다.

아이와 부모, 교사 그리고 유아들 간의 또래놀이는 상호작용을 돕는다. 아이들에게 무엇보다 좋은 장난감은 또래 아이들이다. 또래 아이들은 놀잇감이 없어도 서로를 통해 즐거움을 느낄 수 있다. 아이와 부모, 교사와 상호작용에서 출발하여 단계가 올라갈수록 또래 아이들과의 상호작용을 하게 된다. 결국 자기세계의 놀이단계 → 부모와의 놀이단계 → 교사와의 놀이단계 → 또래와의 놀이단계로 발전한다. 이러한 단계적 놀이 활동은 자아의 발견뿐만 아니라 타인을 이해하며 주변 세계에 대한 이해와 배려, 공감능력, 사회성과 언어발달 등에 크게 영향을 준다.

상호작용이 원활하게 이루어지는 아이들은 이제 자기 성찰(자기반성)로 자연스럽게 발전해 가게 된다. 자기 성찰(자기반성)의 단계가 가능해진 아이는 스스로 자신의 이해와 목표를 설정하고 이를 이루기 위한 구체적인 계획을 하고 이를 실행·평가한다. 또한 그 결과를 다시 다음 활동이나 새로운 놀이 활동에 겪게 되는 문제해결에 반영하는 행동의 변화(수정), 즉 습관을 갖게 된다. 이러한 자기성찰(자기반성)능력은 이후 놀이 활동에 대한 자신감과 동기를 만들고, 이를 실행에 옮기며 평가하고 다시 자기반성으로 연결하는 선순환을 이어가는 멋진 자기주도성이 만들어지게 되는 것이다.

자기성찰은(자기반성) 학습동기, 인지와 메타인지, 행동의 모든 과정에서 진행된다. 아이들은 자기반성을 통하여 놀이 활동에 대한 욕구와 자신감을 진단하고 자신만의 놀이 전략을 되돌아본다. 때로는 다양한 상호작용을 통해 얻어진 경험과 이해를 바탕으로 다음 놀이에 더 효과적인 방향을 모색한다. 이와 같이 자기반성은 놀이 프로그램, 교실환경, 재료, 교사 등 모든 영역에서 이루어진다. 아이들의 자기반성에 대한 분석은 정기적으로 프로그램에 반영되어 아이들에게 효과적인 놀이 방향 및 놀이에 대한 근본적인 즐거움을 제공한다.

이상에서 살펴본 것과 같이 자기주도성은 여러 유형의 단계를 거치면서 복합적으로 진행되는 목적지향적인 활동임을 알 수 있다. 따라서 자기주도성을 단지 인지, 동기, 행동으로 분리시켜 어느 한쪽의 측면에서만 바라보게 되면 자칫 단편적인 특성으로만 이해하는 오류를 범할 수 있다. 그러므로 자기주도성은 종합적인 측면에서 고려해야 한다.

아이들은 좋아하는 것을 할 때 집중력이 높아지고 효과적이며 지식을 빨리 얻는다. 이를 위해서 부모와 교사는 아이들이 무엇을 잘하고 못하는지에 대해 평가하기보다는 먼저 아이가 좋아하는 것을 찾아줄 수 있어야 한다. 이때 단순히 '로봇을 좋아 한다.', '블록 놀이를 좋아한다.'가 아니라 좋아하는 대상을 어떻게 활용하는지 관찰하는 것이 중요하다. 예를 들어 인형을 좋아하는 아이 중에도 인형으로 가족 역할놀이를 하는 아이가 있고, 인형을 보며 그림을 그리는 아이도 있다. 때로는 인형의 집을 만들고 주변 환경을 꾸미는 아이도 있다. 이때 주어진 각본과 규칙

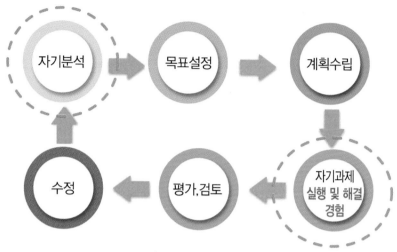

그림 10 자기주도학습 모형

에 충실히 따르는 행위는 본격적인 놀이라고 할 수 없다. 아이들이 유연하게 규칙을 바꾸고 자신의 경험을 반영하여 놀이 방법이나 놀이수준을 변형할 수 있어야 진정한 놀이인 것이다. 이러한 측면에서 부모와 교사들이 아이들의 다양한 심리상태나 행동을 관찰하는 것은 매우 중요하다. 아이들의 의도대로 재료나 활동을 바꾸어 표현할 수 있도록 하는 부모와 교사의 역할은 메타인지 조절에 많은 도움이 된다.

놀이의 힘! 잘~ 놀아야 똑똑한 아이가 된다

4. 메타인지의 중요성

인지란 의미 있는 행동이나 경험을 기억하고 이해하는데 사용하는 실제적인 전략이다. 아이들 스스로 놀이 활동에 대해 준비하고 탐색하면서 더 나은 놀이를 위해 자기 자신의 놀이 과정을 수정해 나가는 것이다. 아이들은 부모나 선생님으로부터 이번 놀이의 주제 및 재료, 주의사항 등 다양한 정보를 탐색하고 수집한다. 아이들은 이러한 정보를 종합하여 자신의 현재 상태와 비교분석한다. 이후 이번 놀이에서 어떤 재료를 선택할 것인지, 누구와 함께 할 것인지, 어떤 스토리를 인용할 것인지를 생각해 낸다. 어떻게 하면 더 즐겁게 놀 수 있을지에 대한 다양한 방법을 탐색하는 것이다. 하지만 실제 놀이 활동을 진행하면서 아이들은 좀 더 복잡한 상황에 직면한다.

자신이 선택한 재료의 크기나 재질이 상황에 맞지 않을 수도 있고, 생각했던 수량보다 적을 수도 있다. 때로는 함께 놀아주기를 원했던 친구가 자신의 놀이에 참여하는 것을 싫어할 수도 있다. 이때 짜증을 내거나 놀이를 포기하는 아이들도 있다. 하지만 대부분의 아이들은 스스로 혹은 부모와 교사의 도움을 통해 놀이과정을 수정하고 변경한다. 이것은 놀이를 통해 즐거움을 지속시키려고 하는 의도적인 아이의 노력이다. 이러한 노력이 바로 메타인지의 실천인 것이다. 아이들은 이러한 경험을 통해 더 나은 놀이를 준비하고, 탐색하고, 수정해나가는 능력인 메타인지 능력을 갖게 된다.

결국 메타인지란 내가 무엇을 알고 무엇을 모르는지를 정확히 알고, 내가 하는 행동이 어떠한 결과를 낼 것인지를 예측하고 기대하는 능력이다. 좀 더 정확하게 말하면 메타인지는 3대 원칙이 있는데 놀이 활동에서 이점을 적용할 수 있다.

1) 선언 놀이 활동 : 자신이 하고 싶은 놀이 활동에 대해서 얼마만큼의 사전지식과 능력을 가지고 있는지 아는 것.
2) 절차 놀이 활동 : 어떤 놀이를 하는데 무엇을 준비하고 누구와 함께해야 하는지 아는 것.
3) 전략 놀이 활동 : 새로운 놀이 활동을 할 때 어떤 방법을 선택해야 할지 도움이 필요할 때 엄마, 아빠, 선생님, 또는 친구에게 도움을 요청하거나 질문할 것인지를 아는 것이다.

메타인지 능력이 높을수록 자신이 아는 것과 모르는 것을 깨닫고 스스로 문제점을 해결하며 학습 목표를 조절하는 능력이 좋다. 자신이 무엇을 알고 모르는지를 인지하고 있기 때문에 자신의 장점은 극대화할 수 있고, 단점은 최소화할 수 있으며 끊임없이 노력하고 시도하기 때문에 다양한 놀이 전략을 활용하게 된다. 아이들은 메타인지 능력을 통해 나에게 더 즐거운 놀이 방법을 찾아내고 이를 통해 만족감과 행복감을 느낄 수 있다. 그렇기 때문에 메타인지는 나의 강점과 약점을 명쾌하고 정확하게 알려주는 멋진 친구이며 나를 온전하게 밝혀주는 등불이다.

5. 놀이 활동과 메타인지 능력의 진화

메타인지(metacognition)는 '한 단계 높은, ~에 대한, ~뒤'의 의미를 지닌 '메타(meta)'와 어떤 사실을 안다는 뜻인 '인지(cognition)의 합성어이다. 쉽게 이야기하면 자신의 사고과정을 한 단계 높은 곳에서 바라보는 것이다. 이러한 능력은 태어날 때부터 타고 나는 것도 어느 정도 있겠지만, 성장하고 삶을 살아가면서 자신이 결정권과 주도권을 가지고, 스스로를 평가하고 조절하며 만들어가야 하는 능력인 것이다.

메타인지와 관련하여 '메타인지와 말하는 공부'라는 필자의 책에서 사람이 동물보다 똑똑한 이유는 바로 메타인지능력이 있기 때문이라고 말하였다. 보통 사람들은 지식을 더 많이 아는 것이 잘 아는 것이라고 생각을 하지만, 필자는 자기가 모른다는 걸 알아야 더 잘 알게 된다고 했다. 동물들은 자기가 뭘 모르는지 모르기 때문에 자기를 반성하는 일은 없다. 인간은 메타인지 능력이 있기 때문에 그렇지 않다는 것이다.

미국 컬럼비아대학의 리사 손(Lisa K. Son) 교수는 인천의 하늘고등학교 1학년 학생들을 대상으로 실험을 진행하였다. 컴퓨터실에서 이루어진 이 실험의 내용은 다음과 같다. 학생들의 컴퓨터 화면에는 서로 관련이 없는 한국어로 된 여러 단어들이 짝을 이루어 제시되고, 학생들에겐 5초 동안 학습할 시간이 주어진다. 실험자가 나중에 테스트할 것이기 때문에 잘 외워두어야 한다고 학생들에게 말하면서 실험은 시작된다. 테스트 방법은 두 가지로 진행되었는데 첫 번째 방법은 짝을 이룬 단어를 다시 읽어보는 재학습이고, 또 다른 방법은 퀴즈처럼 시험을 쳐보는 셀프테스트였다.

이 실험은 같은 학생들이 같은 난이도의 공부를 할 경우 어느 쪽이 점수가 더 잘 나오는지를 알아보기 위함이었다. 결과는 재학습은 43점, 셀프테스트는 53점으로 셀프테스트가 10점이 더 높게 나왔다. 셀프

그림 11 메타인지 셀프테스트

테스트를 통해 자신이 아는지 모르는지 확인하는 메타인지 과정을 거치는 것만으로도 점수가 10점이나 올라간다는 것이다. 이러한 결과에 대해 모르는 건데 내가 알고 있다고 생각을 하게 되면 학습은 거기서 멈추게 된다. 그러면 성적은 당연히 떨어질 수밖에 없게 된다. 반면 내가 안다고 생각했는데 '틀렸잖아', '모르겠는데' 하는 생각을 하게 되면 학습을 한 번 더 하게 되고 학습 전략을 사용하게 되기 때문에 학습에 효과적이다. 이 실험에서와 같이 메타인지의 발현을 위해서는 충분히 자기 자신에 대해 성찰하고 되새겨 보며, 시간을 두고 생각을 정리하고, 실패 상황에서도 배워야 할 점을 기억하고 간직할 수 있어야 한다. 핵심 세 가지를 기억하자.

▶ 목표 설정과 계획

먼저 무엇을 어떤 방법으로 놀이 활동을 할 것인지, 놀이는 누구와 얼마나 얼마의 시간 동안 할 것인지 등 목표를 설정하고 시간과 노력을 배분하는 방법을 익혀야 한다.

 - 목표 범위와 내용 확인하기

 - 필요한 사전 배경지식 떠올려보기

 - 자신이 놀이 활동 내용에 대해 얼마나 알고 있는지 살펴보기

▶ 과정 점검

놀이가 활동이 어느 정도 진행되었다면 처음 목표에 얼마나 접근하고 있는지 지난번 놀이보다 새로운 친구와 더욱 즐거웠는지 말해보고 개선 점을 생각해보자.

– 미리 생각한 놀이 방법이 적당했는가.

– 자신이 생각한 놀이 내용을 잘 이해하고 있는가.

– 놀이 활동 전 예상하고 세웠던 계획을 따르고 있는가.

▶ 놀이 활동의 경험을 설명해 보기

놀이 활동이 끝났다면 계획한 대로 잘 실천했는지 평가해 본다. 또한 놀이 활동의 결론을 도출하고 전체적인 내용도 설명해 본다.

– 다른 사람에게 놀이 활동의 내용을 설명해보면 내가 이해하고 있는 부분과 그렇지 못한 부분을 자연스럽게 확인할 수 있다.

그렇다면, 놀이 활동에서 메타인지능력은 어떻게 발현되는 것일까? 아이들은 놀이 활동을 하는 동안 다양한 문제 상황에 직면하게 된다. 아이들의 생각 속에서 펼쳐지는 놀이는 상당히 자유롭고 무한한 가능성이 있다. 하지만 실제 놀이에서 아이들의 생각을 완벽하게 반영시켜주는 것은 불가능하다. 실제 아이의 놀이 수준, 재료, 환경 등은 아이가

그림 12 놀이재료의 탐색과 메타인지관계

머릿속으로 상상했던 놀이 환경보다는 훨씬 제한적이기 때문이다. 아이들은 이렇게 제한적인 상황을 극복하기 위해 다양한 생각과 시도를 하게된다. 이러한 시도와 생각의 행위는 다른 또래들의 관점을 받아들이고 조정하면서 더 즐거운 놀이를 위해 논의하고 분쟁에 있어서는 협상하는 능력을 향상시켜준다.

아직 말을 하지 못하는 아이들도 표정이나 신체, 울음 등을 통해 본인이 이상적으로 생각하는 것과 현실과의 타협을 이끌어낸다. 이러한 능력은 어떤 문제에 직면했을 때 배경지식과 경험적인 지식을 근거로 한 자신과 주변 상황을 점검하고, 조절하고 적절한 해결방법을 도출해내는 메타인지능력의 연령에 맞는 행동이다. 놀이를 통한 창작활동은 다양하고 융통성 있는 사고를 가능하게 하는 확산적 사고(divergent thinking)를 하는데 도움이 되며 이러한 종류의 사고는 단순하고 올바른 하나의 답에 집중하는 것이 아니라 다양한 상황 속에서 문제해결능력을 향상시켜 준다. 특히 언어발달이 미성숙한 아이는 놀이라는 매개체를 통해 몸을 움직이고, 다양한 재료를 탐색하며 오감을 자극하고, 또래와 상호작용을 통해 활동을 조절해 나감으로써 메타인지 능력을 향상시키는 것이 중요하다.

Chapter

02

I.
놀이의 시작은 모티브(Motive)

동기는 어떤 일이나 행동을 일으키게 하는 계기라는 뜻으로 영어 'Motive'는 라틴어의 'movere(움직이다)'에서 유래하였다. 즉 동기는 인간을 움직이게 하여 어떤 행동을 시작하도록 하고, 그 행동을 활성화시키고 유지·지속시키는 내적인 상태를 말한다. 동기는 크게 내재적 동기 (intrinsic motivation) 와 외재적 동기(extrinsic motivation)로 구분된다. 내재적 동기는 말 그대로 자신의 내부로부터(흥미, 자기효능감, 유능감 등) 나온 동기로 특정한 활동이나 과제를 수행함에 있어서 일정한 보상을 위해서가 아니라 과제를 수행하는 자체가 목적이 되는 동기를 말한다. 외재적 동기는 특정한 활동이나 과제를 수행하는 것이 누군가의 지시나 강제, 어떤 보상이나 특정한 결과를 얻기 위한 수단으로 지각되는 것과 관련된 동기를 말한다.

이처럼 누군가의 특정한 행동을 이끌어내기 위해서는 동기부여가 매우 중요한데, 특히 아이의 내재적 동기와 외재적 동기를 적절히 활용하여 그들이 목표로하는 행동과 결과를 만들어낼 수 있도록 지도해야 한다. 이를 위해 먼저 근원적으로 느끼는 긍정적인 정서, 행복감, 동기는 어디로부터 나오는지 살펴보고 놀이를 계획할 때 동기부여를 활용할 필요가 있다.

1. 놀이 활동으로 목표성향 계발

놀이 활동의 효과 중 하나는 스스로 학습동기를 조절하고 통제해 나가는데 있다. 아이들이 왜, 어떤 목적으로 놀이 활동을 수행해 나가느냐 하는 것은 동기의 작용으로 아이들이 바람직한 목표성향을 형성하는데 영향을 미친다. 목표성향은 놀이 활동 과정에서 도전적인 과제나 난관에 직면했을 때 자신의 능력을 발전시키거나 기존의 능력을 증명하려는 성향을 말한다. 초기 목표성향 개념은 1970년대에 등장하였는데, 자신의 능력을 계속해서 발전시키는 것을 위해 행동하는 성향을 학습목표성향으로, 기존의 능력을 증명하기 위해 행동하는 성향을 평가목표성향으로 정의하였다. 학생들의 목표성향이 새로운 도전 및 동기 형성에 어떤 영향을 미치는지 실험을 하였다. 초등학생 아이들에게 이미 내가 알고 있는 것을 증명하고 확인할 수 있는 유형의 문제(평가문제)와 내가 잘 풀 수는 없겠지만 새로운 것을 배울 수 있는 유형의 문제(학습문제) 중 본인이 원하는 것을 선택해서 풀어보라고 하였다.

물론 두 유형의 문제는 모두 같은 문제지만 둘 중 한 유형의 문제만 풀어볼 수 있는 아이들은 이 사실을 알지 못했다. 한 시간 뒤 아이들이 문제를 모두 다 풀었을 때 시험관은 채점 결과를 의도적으로 더 낮게 해서 학생들에게 알려주고 동일한 난이도로 문제를 다시 풀어볼 기회를

그림 13 목표성향 유형

놀이의 힘! 잘~ 놀아야 똑똑한 아이가 된다

주었다. 이때 학생들에게 의미 있는 결과가 나타났는데, 평가문제를 선택한 아이들은 새로운 문제를 푸는데 있어 쉽게 포기하고, 학습문제를 선택했던 아이들은 오히려 새로운 문제에 더 흥미를 느끼고 도전하는 모습을 보였다. 유치원 아이들을 대상으로 퍼즐 그림 맞추기 놀이를 통해 유사한 실험을 했을 때 같은 연구결과가 나타났다.

평가목표 성향의 아이들은 실패 경험 이후 자신은 능력이 부족하다는 심리적 기저로 인해서 급격히 동기를 잃어버리고 자신없어 한다. 평가목표 성향이 강한 아이는 이기는 것에 강하게 집착하게 되고 자연스럽게 지거나 실패하는 것을 두려워하기 때문이다. 따라서 남과 자신을 자주 비교하면서 경쟁에서는 언제나 이겨야 한다고 생각하기 때문에 실패했을 경우에 쉽게 좌절하고 포기하게 되고 소극적인 성향을 보이는 것이다. 반면에 학습목표 성향의 아이들은 새로운 것을 배우기 위해 학습에 참여하기 때문에 자신의 실패를 능력보다는 노력이나 전략이 부족하다고 생각한다. 그리고 이후에 또 다른 기회가 주어졌을 때 과거의 경험을 토대로 더 적극적으로 도전하게 된다.

그렇다면 아이들이 각자 가지고 있는 목표에 대한 성향이 이후의 삶에 어떠한 영향을 미칠 수 있는가? 학습목표성향이 높다는 것은 새로운 것을 학습하는 활동, 즉 새로운 시도를 좋아하고 도전 성향이 높다는 것을 의미한다. '시도하지 않으면 아무 일도 일어나지 않는다.'는 말처럼 다소 위험부담이 큰 일을 하더라도 새로운 일을 시도하는 성향이 높은 학생들은 성공할 가능성이 높다는 것은 당연한 이치이다.

다양한 주제의 놀이 활동을 하면서 아이들의 비참여 행동 혹은 방관자적 행동을 참여행동으로 바꿔주면서 아이들에게 바람직한 목표성향을 만들어 준다. 자신에게 익숙하지 않은 혹은 심리적 부담을 줄 수 있는 놀이재료나 도구보다는 아이들은 자신에게 익숙하고 보다 선호하는 재료를 활용하며 놀이에 참여하려는 경향이 있다. 물론 심리적으로 편한 재료를 활용하여 노는 것도 의미가 있지만 이러한 편향성이 너무 지나치게 되면 다른 영역의 감각기관이나 두뇌발달에 효과적이지 못하다. 이때 전문 교사의 개입은 놀이 주제나 재료에 대한 불편한 강박을 해소하기 위해 불유쾌한 경험을 놀이에 자주 반복함으로써 그 강도를 차차 약화시켜 해결해 나간다.

평소 불쾌했던 행동을 놀이로 승화시키는 과정에서 성공의 경험이 생기고, 지속된 작은 성공의 경험들은 아이들의 동기 및 목표성향에 매우 긍정적인 영향을 미치게 된다. 이처럼 아이들은 단순한 표현, 일반적으로 놀이하듯 진행되는 활동을 통해 성공의 경험을 늘려가고, 놀이의 즐거움으로 발전시킨다. 이러한 즐거움은 아이들의 자기주도성과 긍정적 목표성향 및 인성 형성에 큰 영향을 미친다.

2. 높은 자기효능감이 뭐예요?

너무너무 중요해요!

자기효능감이란 '자신의 가치를 스스로 인정하며 자신을 믿고 사랑하는 감정'이다. 자기효능감은 아이들이 가지는 고정적인 특성이 아니라 변화될 수 있는 능력이다. 효능감은 아이들이 성장해서 학령기를 살아가는데 있어서 계속적으로 학업의 성취도나 학습과제에 대한 노력, 지속력에도 영향을 미친다.

자기주도학습기반 창의성·인성함양과 진로탐색 숭실대학(NO201410001681)논문 연구통계에 따르면 자기주도성이 높은 아이들이 그렇지 않은 아이들보다 긍정성, 대인관계, 리더십, 문제해결능력, 이해심, 신체 만족도 등 여러 가지 면에서 우수하게 나타났다. 자신을 잘 알고 또 사랑하는 학습자는 자신의 삶을 잘 가꾸고 싶어지는 욕구가 생긴다. 이러한 욕구를 스스로 해결해나가는 아이들은 성공 경험의 연속으로 인해 결과적으로 자기효능감의 향상으로 이어지게 된다. 즉, 자기주도성은 자기효능감의 형성과 밀접한 관계가 있다. 자기효능감이 높은 학생은 도전하는 것을 두려워하지 않으며, 구체적인 목표를 설정하고 이를 성취하기 위해 주의집중을 잘 하고 행동을 잘 조절하기 때문이다.

특히 미취학아의 자기효능감은 이후 학교생활적응에 많은 영향을 준다. 한 연구에 따르면 청소년이 자기효능감이 높다고 생각할수록 학교생활적응도 잘하고 교우관계도 좋은 것으로 나타났다. 또한 자기효능감이 높은 아이들은 그렇지 않은 아이들보다 학업성취도에 있어서도 높게 나타났다.

자기효능감과 학업능력과의 관계는 다음의 사례를 통해 알 수 있다. 공부를 하려는 욕심과 노력은 어느 정도 있었지만 계속되는 실패로 인하여 학업에 대한 효능감이 매우 떨어져 학습에 몰입하지 못하는 학생이 있었다. 학생의 이름은 찬식이었다. 연구진은 담임 선생님의 협조하에 찬식이의 효능감을 올려주기 위한 상황을 설정하였다. 찬식이를 의도적으로 교무실로 불러서 "선생님이 지금 매우 바빠서 그런데 네가 수업준비를 도와주면 좋겠다."라고 도움을 요청한 것이다.

찬식이는 선생님이 시키는 일이기도 하고 평소 자신에게 별로 관심이 없다고 생각하던 선생님의 부탁이 자신에 대한 특별한 관심으로 느껴져 선생님의 수업 준비를 도와드리기로 결심했다. 준비할 내용은 다음날 선생님이 진행할 과학 과목에서 심장과 혈관의 작용에 대한 내용을 선생님이 보고 필기할 수 있도록 준비하는 것이었다.

그리고 선생님은 학생이 교무실 밖을 나가려고 할 때 "내일 네가 발표할 수도 있으니까 준비 잘해야 해!"라는 약간의 부담감을 심어주었다. 찬식이는 집으로 돌아가서 나름대로 선생님이 부탁한 내용을 정리하였다. 다음날 과학 수업시간이 되었고, 선생님이 수업을 진행하면서 심장과 혈관의 작용에 대한 질문을 학생들에게 던졌는데 아무도 대답을 못하

그림 14 자기효능감의 학습에 대한 전이 사례

는 상황이 발생했다. 선생님은 찬식이를 지목하며 질문에 대답해 보라고
하였다.

워낙 자신감이 없었던 찬식이는 당황하며 긴장했지만 어제 자신이
정리한 내용을 머릿속에 떠올리며 다소 자신 없는 목소리로 선생님의 질
문에 대답하였다. 그러자 아이들이 '우와~'하는 반응을 보였고 선생님께
칭찬을 받았다. 찬식이는 이를 계기로 학습에 자신감을 갖게 되었다. 이
후 찬식이는 다른 과목에서도 자신감을 보이며 과거보다 적극적으로 학
습에 참여하고, 그 결과로 계속 좋은 학업성취도를 만들어가고 있다. 이
처럼 자기효능감은 아주 작은 성공의 경험으로 출발하여 다른 부분으로
전이되는 특성이 있다. 뿐만 아니라 자기효능감은 찬식이의 전반적인 학
교생활 적응에도 유의미한 영향을 주었는데, 구체적으로 자기효능감이
높은 학생들은 교사와의 관계, 교우관계, 학습활동, 학교규칙준수 등에

그림 15 작은 성공의 경험(자기효능감)

있어서 학교생활 적응 수준이 높은 것으로 나타났다.

가정에서도 다양한 놀이 활동을 통해 아이의 심리적 성장과 통찰, 변화를 통해 자기주도성을 향상시키는 놀이를 할 수 있다. 주된 의사소통 재료로 활용하여 아이들이 의식적으로 접근하기 어려운 내면세계를 자기만의 방법으로 표현하고 자신의 주변 환경과의 조화를 이룰 수 있도록 돕는다. 오감을 자극하는 활동으로 시작하여 단계가 높아질수록 아이들의 고유한 내면세계의 이미지와 느낌, 생각들을 이해하고 표현하는 과정으로 이루어진다. 이러한 과정에서 새롭게 발견한 자기에 대한 이해를 바탕으로 갈등과 문제를 해결하고 스트레스를 감소시키며 자존감을 증진시킬 수 있다. 또한 긍정적인 자기개념을 형성하고 자아기능을 강화시켜 성숙한 인간으로 성장할 수 있도록 한다.

성장, 발달 과정에서 추상적 사고가 발달하기 이전의 유아기는 자신의 생각과 관념, 개념으로 이루어진 내면세계를 이해하기 쉽지 않다. 또한 어휘력의 부족으로 인해 자신의 느낌이나 경험을 포괄적으로 표현하는데 한계가 있기 마련이다. 그렇기 때문에 놀이 활동이라는 행동의 비언어적 의사소통은 아이들의 내면세계를 파악하는데 매우 중요하다.

손과 눈의 협업을 통한 놀이 활동의 특성은 아이들의 손 근육을 발달시키고 관찰하는 능력을 기른다. 이는 언어보다 쉽게 아이의 무의식을 자극하여 복잡한 내면세계를 표현할 수 있는 방법을 제공한다. 성인에 비해 주의집중 시간이 짧고 오랜 시간 가만히 앉아있기 힘들어하는 아이들에게 태어날 때부터 자연스럽게 접하는 놀이 활동은 흥미와 동기를 유발하며 자유롭게 내면을 표현할 수 있는 방법으로 사용될 수 있다.

이와 같은 놀이의 특성을 활용하는 방법으로 아이들은 거부감 없이 자신을 표현하고 주도적으로 문제를 해결할 수 있다. 특히 자존감이 낮아 활동의 선택을 제한하고 위축되어 있는 아이의 표현을 촉진함으로써 자기효능감을 향상시킬 수 있다. 자존감을 향상시키는 가장 효율적인 방법은 작은 성공을 여러번 경험하는 것이다. 아이 스스로 놀이재료를 선택하고 활동을 하여 탐색하고 활용하는 방법을 습득하면서 자신이 매우 유능한 사람이라는 좋은 경험을 가지기도 한다. 스스로의 달라진 모습을 느끼고 성취감을 반복적으로 경험하며 자기효능감을 향상시킬 수 있다.

그림 16 놀이 활동에서 (다양한 재료의 세계)

부모와 교사는 아이들에게 놀이 매체와 활동 방법에 대해 잘 알고

수행할 수 있는 능력을 가진 성인으로 비춰질 가능성이 높다. 자기효능감

을 형성하는 또 다른 근원으로 언어적 설득이 있다. 이 방법은 아이들에게 실제적인 경험을 제공하지는 않지만 놀이 활동을 통해 신뢰관계로 맺어진 부모와 교사의 언어적 지지는 아이들의 자존감 향상에 지속적인 영향을 미친다. 아이들은 놀이 활동을 하는 동안 안전한 심리적 환경 내에서 부모와 교사로부터 집중적인 관심과 공감을 받는다. 자신의 활동에 대한 긍정적이고 이해가 담긴 말들과 함께 표현을 격려하는 메시지는 아이들 스스로 활동을 시작하고 몰입할 수 있게 돕는다. 이러한 지지와 수용의 경험을 통한 자신감 상승은 이후에 만들어지는 문제 상황에서 어려움을 극복할 수 있게 하며 자신의 활동에 대한 만족감과 자긍심을 갖게 한다. 이것은 아이들이 스스로 자신감을 높이고 자기 결정을 주도하도록 이끌어주며 긍정적 확신을 갖게 해준다.

결국 아이들이 흥미 있어 하는 놀이 활동을 하게 함으로써 자기주도성을 향상시키고 자신을 새로운 시각으로 바라보며 변화할 수 있는 기회를 준다. 이러한 과정에서 아이는 자신을 이해하고 자신의 가치와 자신의 능력에 대한 신념을 변화시킬 수 있으며 행복한 삶을 영위하는 성인으로 성장하기 위한 심리적 기반인 자기효능감을 마련할 수 있게 될 것이다.

II.

놀이는 아이들의 삶 속에 있다

아이에게 있어서 놀이는 삶과 앎 그 자체라고 할 만큼 큰 의미를 지니고 있다. 따라서 성인의 시각에서 아이의 놀이를 단순하고 의미 없는 행동으로 보는 것은 바람직하지 않다. 독일의 교육가이며 유치원의 창시자 프뢰벨이 '유아의 놀이는 곧 교육이다.'라고 정의한 것을 보았을 때 유아교육에 있어서 놀이는 유아의 교육활동을 위한 매개체인 동시에 유아의 발달을 반영하여 발달에 적합한 학습기회를 제공하는 최고의 교수방법이라 할 수 있다.

1. 놀이의 개념 및 특성

놀이의 개념은 일반적으로 일과 비교하여 설명할 수 있는데, 일은 돈을 번다든지, 지위를 높인다든지, 쓸모 있는 사람이라고 느끼거나 어떤 특정 분야에서 성공하는 것 등과 같은 목적을 가진다. 그렇기 때문에 일은 해야 하는 것(have to)이고 외적이며, 통제된 활동이고, 강제적이므로 그 활동 자체를 편안하고 자유롭게 누리기는 어렵다. 반면 놀이는 활동 그 자체에 즐거움과 만족감을 느끼고 강제성 없이 자발적으로 참여하는 내적 동기가 유발되는 행동으로서 '목적'이나 '목표' 등과 같이 특정한 성취의 압박감이나 부담감이 없는 '독립된 행위'이다. 간혹 목적성이 있다 하더라도 융통성이 있기 때문에 놀이 활동을 하는 주체가 스스로 놀이의 목적을 정하기도 하고, 놀이 활동 과정 중에 그 목적을 본인의 의도에 따라서 수시로 바꿀 수 있다. 즉, 놀이는 일이나 학습과는 달리 자신의 관심과 흥미에 따른 '자발적 활동'이며 단지 참여만으로도 중요한 가치가 있는 활동인 것이다. 왜냐하면 놀이는 무의식적인 욕구와 감정을 표현할 수도 있고, 외적인 규제로부터 자유로워 창의적인 활동이 가능하기 때문이다. 유엔아이권리위원회는 놀이를 '스스로 조절하고 시도하는 행동, 활동, 과정'이라고 정의한다. 즉, 아이들이 스스로 택한 행동, 활동, 과정이 진짜 놀이라는 의미이다. 부모가 개입하고, 부모의 계획에 의해 진행된다면 가짜 놀이가

일과 놀이의 특징 비교	
일	놀이
• 해야 하는 것(have to) • 외적 통제, 강제적	• 할 수 있는 것(can) • 내적 통제, 자발적, 자유로운 선택
• 교사 또는 상사(boss)의 기대와 참여의 사가 수없이 개입 • 활동의 결과까지 평가	• 기대나 평가가 거의 없음.
• 끝까지 해야 하는 것	• 언제든지 원하면 그만두는 것
• 현실세계에서만 이루어짐	• 현실세계의 초월이 가능
• 가끔씩 즐거움을 느낌	• 언제나 즐거운 것

될 수밖에 없다. 대한민국의 많은 부모가 아이들과 열심히 놀아주려 노력하지만, 정작 아이들은 제대로 놀지 못하는 가장 큰 이유다.

'자발성을 잃어버린 놀이', '학습의 탈을 쓴 놀이'에 노는 즐거움을 사라진 요즘, 어떻게 해야 아이들에게 진짜 놀이의 즐거움을 되찾아줄 수 있을까? 바로 **놀이의 주도권!** 놀이의 진짜 주인은 아이들이다! 아이들의 놀이가 진짜인지 구별하는 가장 중요한 핵심은 놀이의 주도권이 누구에게 있느냐이다.

아이들이 스스로 선택해서 논다면 진짜 놀이, 누군가의 계획에 의해 진행되고 아이들이 따라 한다면 가짜 놀이다. 자발성과 주도성이 사라지는 순간 놀이의 즐거움은 반감된다. 놀이를 일과 비교하지 않더라도 놀이의 본질적인 특성은 다음과 같이 8가지로 나누어 살펴볼 수 있다.

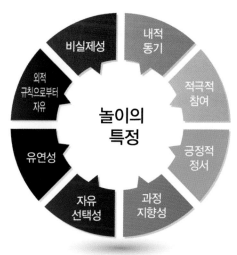

그림 17 놀이의 특성

2. 놀이의 자발적 동기와 비현실성

놀이상황은 일상경험으로부터 놀이를 분리시키는 놀이의 틀(상황)에 의해 규정지을 수 있는데 비현실성은 놀이의 모든 형태, 즉 사회극놀이, 조작놀이, 블록놀이, 게임놀이에 적용된다. 예를 들어 작은 블록을 달걀인 것처럼 사용하고, 우유 마시는 것을 나타내기 위해 놀잇감 컵을 들어 올리는 행위와 같은 것이다. 실제에 대한 가상성은 영·유아가 여가와 지금의 현실적 구속에서 벗어나 새로운 가능성을 경험하도록 해준다. 이러한 놀이의 비현실성은 아이들로 하여금 마음껏 상상하고 풍부한 표현을 연습할 수 있는 기회를 제공받으면서 자발성과 창의성을 키워나갈 수 있도록 도와준다.

놀이는 배고픔과 같은 충동에 의하여 또는 부나 권력의 획득과 같은 목적에 의하여 외적으로 동기화되지 않는다. 놀이의 동기는 개인 내부에서 자발적으로 나오며, 매우 자연스럽게 바로 자기 자신을 위하여 놀이활동을 한다. 내부에서 동기화된 놀이는 자연스럽고 자발적이며, 즐거움을 추구하는 순수한 욕구 활동이다. 그러므로 놀이는 외적 통제나 결정에서 자유로운 자기 조절적 활동이다. 아이들은 놀이를 할 때 스스로 원하는 재료를 선택하고 선택한 재료를 자신의 방식대로 다루면서 놀이에 주도적으로 참여하게 된다. 이러한 경험을 통해 아이들은 자기 동기, 특히 내적동기를 가지게 되고 자기주도적인 인재로 성장하는 토대를 다질 수 있다.

놀이는 방관적이거나 산만함을 보이지 않고 열의를 다하여 참여하는 것을 말한다. 실제로 유아들은 호기심이 생겨나서 하고 싶은 놀이에는 적극성을 띤다고 할 수 있다. 실제로 러시아의 한 학자는 1960년대 유아들의 행동을 관찰한 연구 사례를 통해 똑같은 활동임에도 불구하고 놀이형태로 제안했을 때에 유아의 활동 참여가 훨씬 적극적이고 지속적이었음을 보고한 바 있다. 예를 들어, 교사가 유아에게 한쪽 벽에 5분 동안 서 있도록 제안했을 때 유아는 얼마 지나지 않아 지루해하고 그 활동의 참여를 기피하였다. 그러나 벽 뒤에 나쁜 악당이 있으므로 이 벽을 지키는 멋진 병사가 되는 놀이로 제안했을 때는 5분 이상 서 있었다. 즉, 놀이는 자연스럽게 영·유아의 적극적 참여(active engagement)를 촉진하는 특성이 있다. 특히 놀이와 미술이 결합되는 놀이미술의 경우 놀이하듯 진행되는 활동을 통해 아이들은 거부감 없이 자신을 표현하고 주도적으로 개인의 창작물을 완성해 간다. 완성된 작품들은 아이에게 성공의 경험을 느끼게 해주고 지속적인 성공의 경험을 통해 아이들은 더욱 적극적이고 자발적으로 놀이 활동에 참여하게 된다.

놀이는 일반적으로 즐거움과 기쁨의 표시로 나타나는데 영·유아는 그렇지 않을 때조차도 여전히 놀이 활동을 가치 있게 여긴다. 예를 들어 높은 미끄럼틀을 타기 전에 올려다보면 두려운 마음이 생길 수 있다. 그러나 미끄럼틀을 반복해서 타 보면 두려운 마음이 없어지고 재미있고 즐거운 놀이가 된다. 이처럼 가끔 놀이는 약간의 걱정과 두려움을 수반하지만 이러한 두려움조차도 영·유아가 반복적으로 활동을 하게 됨으로써 즐거운 특성을 지니게 된다. 놀이에 대한 긍정적 감정, 즉 즐거움은 놀이를 계속적으로 수행하게 하는 본질적 가치를 부여하며, 동시에 영·유아 스스로 자신을 가치 있게 여기도록 하는 본질적 기쁨을 제공하게 된다.

놀이는 영·유아가 두렵거나 불안하고 슬픈 기분도 긍정적 정서로 전환시키는 특성을 갖고 있다. 이러한 긍정적 감정은 즐거움, 행복감, 성취감과 연결되어 긍정적인 자아개념의 형성, 자기효능감의 향상 등의 심리적 성장과 변화를 가능하게 하고 결과적으로는 아이들의 자기주도성 향상으로 연결된다.

놀이는 영·유아의 관심이 활동의 목표보다 활동 그 자체에 초점을 두는 것이다. 놀이는 과정을 목표보다 더 중요하게 여기며, 성취할 목표에 대한 부담이 없으므로 영·유아는 다양한 활동을 자유롭게 시도하게 된다. 이렇게 과정을 추구하는 것은 놀이가 목표를 추구하는 행동보다 더 융통성이 있다. 과정을 추구하는 것은 자유로운 목표나 행동변화의 경험을 풍부하게 하여 창의성과 놀이성(playfulness)을 제공하는 요인이다. 다시 말하면, 수단이 목적보다 더 중요하다고 본다. 목표 성취에 대한 압력이 없을 때 영·유아는 다양한 활동을 시도할 수 있으며 놀이가 지향적 행동보다 더 융통성을 띠는 중요한 이유가 된다. 놀이 활동의 경우, 부모들은 적절한 개입을 통해 아이들의 소심한 행동 혹은 적극적이지 못한 행동을 참여행동으로 바꿔주면서 목표성향을 만들어줄 수 있다. 부모들은 아이들의 고른 감각기관 및 두뇌발달을 위하여 아이들에게 심리적으로 익숙하지 않고 낯선 주제나 재료를 놀이에 반복적으로 노출시킴으로써 어색함과 불편함을 해소하고 놀이로 승화시키는 과정에서 아이들에게 성공의 경험을 맛보게 한다. 이는 아이들의 동기 및 목표성향에 긍정적인 영향을 줄 수 있다.

놀이의 가장 핵심적인 특징 중의 하나인 자유로운 선택(free choice)은 놀이에 참여할지 말지, 어떤 형태로 놀이를 진행할지, 얼마만큼까지 할지에 대해 영·유아가 스스로 책임과 자기통제를 한다는 의미이다. 킹(King, 1979)은 영·유아들이 스스로 선택해서 블록 쌓기와 같은 활동을 했다면 그것을 놀이라고 간주하는 반면, 같은 활동이라도 교사에 의해 지시받는다면 과제라고 간주한다는 것을 발견하였다. 영·유아가 스스로 선택하는 과정에서 영·유아들의 내면 생각이나 감정 등이 겉으로 보이게 되는데 이때 교사나 부모는 영·유아의 생각과 느낌, 다양한 능력을 발견할 수 있다. 이러한 자율적 선택과 결정은 자율성 발달에 중요한 기능을 하고, 자유로운 선택을 하였을 때 잠재된 능력을 최대한 표출할 수 있으므로 놀이 활동과정에서 스스로 선택을 시도하고 자기통제를 경험해 볼 수 있도록 격려하는 것이 매우 중요하다.

놀이 활동을 통해 아이들은 자기조절 및 통제 능력을 기르고 보다 큰 만족을 위해서 지금의 만족을 잠시 미뤄보는 경험을 하게 된다. 또래와 함께 하는 놀이를 통해 얻는 즐거움을 지속시키기 위하여 아이들은 친구들과의 갈등을 해결해나가는 과정에서 상대방의 생각과 느낌을 이해하게 된다. 이러한 경험은 자기의 감정이나 욕구를 조절과 통제를 할 수 있는 능력과 연결된다.

놀이에는 실험행동이 많이 포함되어 있어 영·유아가 유연성을 발휘하여 다각도로 탐색을 하고 융통성 있는 사고를 하는 것이 얼마든지 가능하다. 종이를 가지고 그림을 그릴 수도 있고, 접을 수도 있고, 자르거나 찢어서 만들기를 할 수도 있다. 이렇게 놀이를 진행하는 과정에서 영·유아는 수없이 다양한 시도를 하고, 융통성 있고, 자발적인 수행을 하게 된다. 이러한 측면에서 자유로운 놀이는 호기심과 흥미, 융통성 발달에 중요한 바탕이 된다. 놀이 경험이 많은 영·유아 일수록 어떤 상황에서든 호기심과 흥미를 보이고 융통적이고 자발적인 성향을 보인다. 놀이를 통해 아이들은 다양한 주제를 표현하기 위해 여러 재료(도구)를 사용하면서 풍부한 상상력을 재구성하는 경험을 하게 된다. 이러한 경험은 아이들에게 호기심과 욕구를 불러일으키고 감수성을 강화한다.

3. 자유로운 주도적 놀이

정해진 규칙이나 외부지시에 따르지 않고 자발적으로 영·유아는 나름대로의 방식으로 놀이를 하는 것을 말한다. 그렇다고 아무렇게나 해도 된다는 말은 아니다. 놀이상황에서는 얼마든지 외적 규칙으로부터 자유로울 수 있다. 즉, 정해진 규칙이나 외부의 지시에 따르지 않고 스스로 자기 나름대로의 방식으로 놀이에 임할 수 있다는 의미이다. 모래를 가지고 모래를 모을 수도 있고, 두꺼비 집을 만들 수 있고, 모래 위에 그림을 그릴 수도 있다. 모래 위에 나뭇잎을 올려놓을 수도 있고, 모래를 집어 뿌릴 수도 있다. 놀이상황에서는 규칙에 구애받지 않고 자유로운 활용이 얼마든지 가능하다는 의미이다.

어떤 놀이의 경우 일정한 규칙이 있는 경우도 있다. 한 예로 역할 극놀이 시에는 누군가의 역할을 맡아 그 역할을 수행해야 하거나 규칙 있는 놀이를 할 수 있다. 그러나 여기에서의 규칙 역시 영·유아가 스스로 정하고 조절할 수 있다는 측면에서 외적 규칙이 아닌 영·유아 스스로 놀이설계를 자유롭게 시도할 수 있다는 점이 중요한 특징이다. 또래 친구들과 함께 놀이 활동을 지속적으로 이어나가기 위해서 아이들은 놀이 과정에서 규칙을 지킨다. 또한 집단이 원하는 결과물을 만들어내기 위해서 나름대로 자신만의 규칙을 정하고 지키게 되고 이는 만족지연능력의 향상과 연결된다.

Ⅲ.
영·유아놀이에도 여러가지 유형이 있다

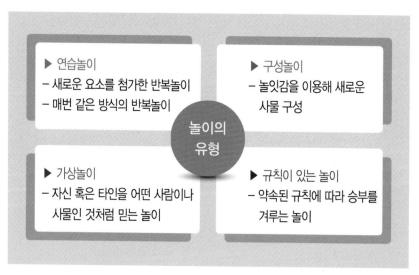

▶ 연습놀이
– 새로운 요소를 첨가한 반복놀이
– 매번 같은 방식의 반복놀이

▶ 구성놀이
– 놀잇감을 이용해 새로운 사물 구성

놀이의 유형

▶ 가상놀이
– 자신 혹은 타인을 어떤 사람이나 사물인 것처럼 믿는 놀이

▶ 규칙이 있는 놀이
– 약속된 규칙에 따라 승부를 겨루는 놀이

그림 18 놀이의 유형

1. 연습놀이

영·유아들의 가장 초기 발달단계에서 나타나는 연습놀이(repetition play)는 기능놀이(functional play)라고도 불리며, 이는 감각운동기능을 중심으로 손과 발을 많이 움직여서 하는 놀이이다. 연습놀이는 감각운동기, 즉 생후 2년까지의 영·유아들에게 자주 나타나는 놀이유형으로 기능적인 즐거움을 위해 반복적으로 행하는 단순한 놀이이다. 보통 영·유아들이 '자신의 신체'를 이용하거나 뛰기, 공굴리기, 모으고 부수기, 물건 또는 자료 조작하기와 같이 사물을 가지고 운동의 움직임을 계속 반복하는 놀이가 여기에 속한다. 예를 들어, 영·유아는 자동차 바퀴를 계속 반복적으로 굴리는 등의 같은 동작을 연습함으로써 즐거움을 느낀다.

그림 19 연습놀이의 예

연습놀이는 반복하는 활동 내에서도 두 가지 접근방식으로 나눌 수 있는데, 하나는 혁신적 반복놀이로서 같은 유형의 놀이라 할지라도 그 놀이가 이루어질 때마다 새로운 요소를 첨가해 반복하는 놀이이며, 다른 하나는 보존적 반복놀이로서 새로운 요소 없이 매번 같은 방식으로 반복하는 놀이이다. 연습놀이는 언어능력과 표상능력이 발달함에 따라 점차 감소한다.

> ➕ **연습놀이의 효과**
> 연습놀이를 통해 아이는 운동조절능력을 획득하고 움직임과 그 효과에 대해 지각하며 신체 협업능력을 배운다. 특히 미술을 통한 연습놀이는 물감을 혼합하고 색칠하는 등 다양한 감각적 경험들을 제공하므로 이러한 경험들은 아이들의 손 근육을 발달시키고 사물을 관찰하는 능력을 길러주어 유아의 자기주도성을 향상시키는 데 도움을 준다.

2. 구성놀이

영·유아들의 초기 창의적 놀이유형 중의 하나인 구성놀이(constructive play)는 놀잇감을 이용해 새로운 사물을 구성해 보는 활동이다. 일반적으로 영아는 만 2세 이후 다양한 놀잇감을 이용해 무엇인가를 만들어보

그림 20 구성놀이의 예

는 놀이행동을 보인다. 크고 작은 블록을 이용하여 일상에서 보았거나 인상적이었던 여러 가지 다양한 사물을 만든다. 예를 들어, 블록으로 집이나 성, 자동차 등을 만들 수 있다.

> **✚ 구성놀이의 효과**
>
> 구성놀이를 하는 과정에서 아이는 자연스럽게 주의집중 시간이 증가하고 놀이에 대해 구성하고 계획이나 내용이 심화되며 조직화 능력이 발달하는데, 이를 **메타인지능력**이라고 한다. 또한 제한적인 놀이 환경으로 인해 자신들의 생각을 실제 놀이에 온전히 반영시키지 못할 때는 주변(부모, 교사)의 도움을 받아 자신과 주변 상황을 점검, 조절하면서 다양한 해결책을 찾아 나가게 된다. 이러한 과정을 통해 더 나은 놀이를 구성하고 준비, 탐색 및 수정해 나가는 능력을 향상시켜 나가게 된다.

3. 가상놀이

가상놀이는 말 그대로 놀이를 하는 사람이 가공의 인물이 되어 그에 어울리게 행동하는 것을 말한다. 모의(模擬)놀이, 상상놀이, 가정놀이, 역할놀이, 극화놀이, 환상놀이 등 다양한 용어로 불리며, 실제와 다르게 역할 및 사물을 변형해 표현하는 놀이행동을 의미한다. 가상놀이는 혼자가 아닌 적어도 다른 1명(또는 다른 사물)의 역할을 맡아 협동하여 놀이 주제를 진행하고 언어나 행동으로 상호작용이 일어나는 형태의 놀이이다. 영·유아들이 놀이 주제를 가지고 언어적으로 상호작용(의사소통)한다는 차원에서 사회적 가상놀이, 사회적 역할놀이라고도 하며, 상징놀이의 가장 발전된 형태로 평가된다.

처음 가상놀이를 할 때는 모방행동을 하는 것부터 시작을 하지만 가상놀이에서는 자신을 다른 가공의 인물로 상상해야하기 때문에 끊임없는 창의력을 필요로 하는 놀이라고 할 수 있다. 즉, 가상놀이는 단순히 흉내 내는 활동 이상으로 현실을 재창조하고 현실과 가상세계를 넘나들며 놀이를 하는 사람이 스스로 상황에 적합한 표현방식을 시도할 수 있게 된다.

또한 영·유아들이 실제 사물을 가지고 단순하게 놀이하던 것부터 시작해 점점 어떤 사람이나 사물인 것처럼 놀이하는 것으로 발전해 필요

그림 21 가상놀이의 예

한 사람, 장소, 사물 등을 떠올리고 놀이에 주제까지 생기고 그 과정에서 발생하는 다양한 문제를 해결해보기도 한다. 보통 가상놀이는 만 3세 이후부터 시작해 규칙 있는 놀이가 시작되는 6~7세경까지 지속된다고 보고되고 있다.

> **➕ 가상놀이의 효과**
>
> 가상놀이는 자기주도성의 인지&메타인지 조절능력 가운데 창의성을 발달시킨다. 미술을 통한 가상놀이를 예로 들자면, 아이들은 여러 가지 놀이재료들을 직접 관찰하고 다루어보면서 놀이의 내용과 방법을 바꾼다. 그 과정에서 아이들은 자신이 이미 가지고 있던 정보를 활용하여 기존의 사고 과정을 수정하며 놀이의 내용과 방법 등을 바꿔보는 기회를 가짐으로써 창의성이 향상된다. 이 시기의 영·유아에게 상상력과 창의력, 추상적 사고가 길러져야 하며, 자기중심성에서 벗어나 사회적인 존재로 성장할 수 있는 환경 조성이 중요하다.

4. 규칙이 있는 놀이

규칙이 있는 놀이(game with rule)는 약속된 규칙에 따라 2명 이상이 승부를 위해 겨루는 놀이 활동으로, 놀이의 특성상 구체적 조작기(피아제가 제시한 발달단계 중 하나로 7~12세에 해당)에 주로 많이 나타나며 인지적 놀이형태의 놀이 중 가장 진보된 형태의 놀이다. 규칙이 있는 놀이는 사회적 구성원 사이에 동의가 이루어져 규칙이 만들어지고 이를 지키며 하는 놀이로서, 경쟁 놀이가 해당이 된다.

놀이가 제대로 이루어지기 위해서는 놀이 참여자들이 규칙을 이해하고 정해진 규칙에 따라 자신의 감정이나 행동을 조절하는 방법을 습득해야 한다. 게임에 졌을 때 속상해하고 울음을 터뜨리는 아이들이 간혹 있는데, 규칙 있는 놀이를 통해 적절하게 자신의 감정을 조절하고 타인을 배려하고 존중하며 합리적으로 자신의 행동을 통제해 나가는 사회적 기술을 배울 수 있다는 점에서 규칙 있는 놀이는 유익하다.

규칙 있는 놀이 중에는 이미 정해져 있는 것도 있지만, 놀이를 진행하는 과정에서 아이들이 게임규칙을 얼마든지 변경할 수 있고, 이러한 과정에서 토의와 같이 의견을 주고받고 협의해보는 경험을 해볼 수 있다. 또한 개인의 지속적인 주의, 적절한 연습, 부지런한 노력, 그리고 승리에의 의지를 전제로 하기 때문에 경쟁 놀이는 개인 능력을 표현하는 데도

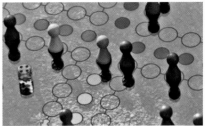

그림 22 규칙이 있는 놀이의 예

도움이 된다.

　　게임의 종류 중에는 달리기나 숨기 등과 같이 몸으로 하는 신체게임, 보드게임과 같은 인지게임, 주사위 던지기나 뒤집어서 점수를 얻는 놀이처럼 우연에 의해 승부가 결정되는 우연게임이 있다. 규칙을 이해하고 사용한다는 면에서 인지를 활용하는 측면이 많기 때문에 영·유아들보다는 초등학생을 대상으로 할 수 있는 놀이라고 볼 수 있을 것이다.

> **➕ 규칙이 있는 놀이의 효과**
> 규칙이 있는 놀이는 사회의 기준에 맞게 행동하고 다른 사람과 관계를 맺거나 정서적인 교감을 나누는 능력인 관계성 향상(행동조절영역)에 도움이 된다. 자신의 행동을 조절하는 능력은 향후 초등학교에서 학습을 할 때 주의집중력과 기억, 관계성에서 많은 영향을 줄 것이다. 놀이를 통한 끊임없는 상호작용은 아이들에게 건강한 사회성 및 정서 형성을 가능하게 하여 자신이 속한 집단의 구성원들과 잘 어울릴 수 있게 한다.

IV.

놀이의 효과는 행복감이다

행복은 건강하게 가족, 또래들과 잘 적응하고 사회생활을 즐겁게 해 나가는 것을 의미한다. 행복의 경험은 정서발달과 관련이 있는데 행복한 유아는 자기 삶에 있어 긍정적인 관점을 형성하고, 삶에서 겪게 될 부정적인 상황을 긍정적으로 대처할 수 있는 자아탄력성이 높아진다. 즉, 긍정적인 정서발달을 위해서는 행복의 경험이 중요하다. 긍정적인 정서를 느낄 때 기존의 지식을 바탕으로 새로운 행동과 사고를 하게 되는데, 이때 도전적이고 탐색적인 활동을 지속하게 된다. 그 결과 더욱 많은 능력을 터득하게 되어 긍정적인 정서가 더 확장되고, 더욱 많아진 긍정적인 정서는 더 높은 사고와 행동으로 안내한다.

또한 행복의 경험은 사회성과도 관련이 있다. 부모가 자신들에게 사랑과 보살핌을 줄 때와 자신을 둘러싸고 있는 사람들, 즉 친구와 가족 그리고 선생님과 맺는 친밀한 사회적 관계를 행복으로 인식한다. 특히 행복에 대한 인식은 가정환경 그리고 대인관계 순으로 관련성이 있는 것으로 나타나, 일상생활과 가장 밀접한 가정환경이 행복을 느낄 수 있는 중요한 영역임을 알 수 있다.

어린 시절 행복하지 못한 아이는 심신의 상태가 불안정하여 건강에 문제가 있으며 폭력, 공격성, 속임수, 위험 행동, 자해, 식이장애, 우울, 외로움과 자살생각 등의 문제 행동을 보이며, 성인이 되어 사회적 문제를 일으킬 가능성이 높다는 것이다. 이처럼 행복한 유아기의 경험은 아이기, 청소년기, 성인기, 노년기에 이르기까지 삶의 전반에 절대적인 영향을 준다.

1. 자유놀이의 행복

아이들이 느끼는 행복에 대한 국내외 연구를 종합했을 때 유아들은 행복을 가족과 지내고, 친구들과 놀이하고, 자신이 좋아하는 것을 하거나, 부모의 사랑표현, 선물 받기 순으로 느끼고 있었고, 행복해지기 위해 친구, 가족, 선생님과 잘 지내기(타인과의 사회적 교류), 하고 싶은 것 하기, 노력하는 것 성취하기, 선생님께 칭찬받기 순으로 표현했다. 즉 유아들은 심신의 편안함, 타인과 물질이나 감정을 주고받은 긍정적인 대인관계, 개인의 성장과 목표 추구 과정에서 행복을 느끼고 있었다.

신체적 안정감을 주는 스킨십이나 칭찬, 격려의 언어적 표현뿐만 아니라 스스로 목표를 세우고 노력하며 그것을 달성해 나갈 때 성취감을 느끼고 행복감을 느낀다. 따라서 행복을 위해 의미 있고 도전 가능한 목표설정을 통하여 자발적인 행동을 이끌고, 미래에 대한 희망이나 포부에 대한 기대를 통하여 긍정적인 마음을 가지고 노력하는 태도를 기를 수 있도록 지속적인 경험이 쌓이도록 해야 한다. 놀이의 특성과 교육적 가치는 연관지어 통합된 하나의 개념으로 인식할 수 있다. 따라서 놀이는 고유한 교육적 효과를 갖는다.

주변에 보면 놀이 아닌 게 없다. 놀이미술, 놀이수학, 놀이한글, 놀이학교, 놀이영어… 등등 그러다 보니 사람들은 놀이가 뭔지 모르게 된 것 같다. 또 지역마다 기획된 놀이, 체험들이 너무 많다. 무엇이 자연스러운 놀이인지 잊어버린듯하기도 하다. 놀이란 오락이나 여가하고 다르다. 백화점과 대형마트에 자리잡은 실내 놀이터에 가보면 아주 낯선 장면을 보게 된다. 옆에 있는 친구들과 아무런 대화 없이 혼자 정신없이 뛰며 질주하고 소리 지르며 노는 아이들의 모습이다. "놀이는 상호작용이며 소통이고 관계"라고 입장에서 본다면 그 광경은 충격이다. 현란한 조명과 쿵쿵거리며 스피커에서 튀어나오는 빠른 비트의 음악, 아이들은 표정 없는 얼굴로 가끔 혼자 씨익～하고 미소만 잠시 지을 뿐 그저 막 뛰어다니기만 하는 현실을 바라보는 것은 정말이지 아찔하다. 문제는 부모들이 아이들과 노는 방법도 잘 모르고 있고 데리고 가서 놀 곳이 별로 없다는 것이다.

놀이 활동은 어떠한 요구나 책임이 없으며 행복하고 자유롭다. 그러므로 놀이 속에서 경험하게 되는 즐거움과 재미는 아이들이 겪는 불안이나 현실의 어려움을 경감시켜 주고 스트레스를 이겨낼 수 있는 힘을 준

그림 23 놀이의 효과

다. 이러한 행복감은 활동에 더욱 집중하게 만들며 이를 통해 얻은 성취감은 자기효능감으로 이어진다. 또한 놀이 활동을 통하여 다양한 감정을 경험하고, 자신의 감정을 적절하게 조절하고 표현함으로써 적대심과 공격성을 통제할 수 있는 방법을 배운다.

기존의 놀이 활동은 개인이 표현하는 활동으로 이루어진 것이 많

아이가 인식한 행복의 상황과 조건

범주	하위범주	응답의 예
행복한 상황	놀면서 느끼는 행복	무대에서 뛰어놀 때, 연날리기를 할 때, 달리기를 할 때, 수영할 때, 축구와 농구를 할 때, 모래놀이를 할 때, 윷놀이를 할 때
	가족과 친구 사이에서 느끼는 행복	아빠가 목마를 태워줄 때, 엄마가 만든 떡국을 먹을 때, 엄마 아빠랑 같이 있을 때, 친구와 있을 때, 동생을 돌볼 때, 친구 뱃살을 만질 때
	하고 싶은 일에 몰입하며 느끼는 행복	책보기를 할 때, 그리기를 할 때, 바둑을 둘 때, 종이접기를 할 때, 불럭 쌓기를 할 때
	정해진 규율에서 벗어나 새로운 것을 이끄는 행복	이불을 뻥 찼을 때, 방문을 찰 때, 잠자면서 가족을 괴롭힐 때
	힘들어도 참고 어려워도 견디면 찾아오는 행복	금메달 받았을 때, 받아쓰기 100점 받았을 때, 구구단 외울 때
행복의 조건	외적인 행복	가족, 건강, 돈, 교육
	내적인 행복	양보하기, 돕기, 감사하기

놀이의 힘! 잘~ 놀아야 똑똑한 아이가 된다

았다. 그러나 놀이 활동은 가능하다면 집단놀이 활동 즉 공동으로 작업하고 협동을 하는 것을 통해 서로 간의 상호작용을 할 수 있으며 이를 통해 사회성과 협동심, 남을 배려하는 양보심 등을 배우게 된다. 특히 집단이 원하는 결과물을 만들어내기 위해서 갑작스러운 신체활동이나 충동적으로 감정을 노출시키는 것을 억제하는 과정에서 교사, 또래집단과의 바람직한 관계 형성 및 행동조절 능력이 향상된다.

놀이 활동은 주변 세계를 숙달하도록 도움으로써 자신의 인지능력을 발달시킨다. 예를 들어 유아가 '공'을 단지 글자로 쓸 수 있다고 해서 '공'에 관한 지식이 있다고 볼 수 없다. '공'을 가지고 감각과 신체 활동을 통한 놀이와 학습을 반복함으로써 '공'에 관한 지식을 제대로 습득할 수 있는 것이다. 재료의 무게, 질감, 색깔, 크기, 특성 등을 학습하게 될 뿐 아니라 여러 가지 논리적, 수학적 지식도 습득하게 된다. 이런 지식은 놀이를 하며 대상을 탐색하고 사물에 대한 이해를 하려는 과정에서 습득된다. 또한 놀이 활동은 자발적인 참여로 다양한 재료를 탐색하고 표현을 할 수 있기 때문에 자유분방한 표현을 할 수 있다. 사물을 가지고 실험하고, 새로운 반응을 만들어내며, 자신의 생각을 묘사하고, 알고 있는 지식을 활용하는 과정을 통해 메타인지 능력이 향상되며 이는 창의성과 문제해결력 발달에 기여하게 된다. 즉 다양한 놀이 활동을 통해서 자기 내면적인 정신생활의 여러 요소들을 조화롭게 구체화시킬 수 있으며 발전시킬 수 있는 기회를 갖게 된다. 그러므로 놀이 활동은 문자나 언어에 제약이 있는 유아들에게 자신의 생각과 행동을 자유롭게 표현시켜 줄 뿐만 아니라 이러한 자기표현의 과정을 통해 미적 정서가 함양되고 높은 상상력, 창의적인 능력을 향상시켜 주는 측면에서 아이의 놀이는 자유로움과 행복감을 주는 것으로 그 중요성을 말할 수 있다.

2. 생활속에서의 풍부한 놀이 재료

놀이 활동에 재료, 재활용품, 가전제품의 부속, 생활용품 등 다양한 재료를 활용하여 보다 창의적인 활동이 이루어지도록 준비한다. 아직 어리다고 색상 수가 적은 크레용만 제공하는 것은 좋지 않다. 그리기에 필요한 크레용, 색연필, 매직 외에도 여러 가지 크기와 질의 종이, 붓, 찰흙 등 다양한 표현 재료를 주어 이것들을 활용하면서 표현하는 경험을 어릴 때부터 쌓아가는 것이 중요하다. 한 장의 도화지로도 도화지 위에 그림을 그리는 행동 외에 찢기, 자르기, 붙이기, 연결하기, 뭉치기 등의 여러 가지 조형적인 시도가 나올 수 있다. 또한 그림을 그린다는 행위를 보면, 도화지뿐 아니라 신문지, 포장지 나아가 모래, 흙, 물 등 자연 재료들까지 도화지 못지않은 훌륭한 재료가 될 수 있다. 작은 돌멩이나 병뚜껑

은 사람의 머리, 또는 굴
뚝에서 나오는 연기로 표
현하는 것처럼 같은 재료
를 가지고 무한한 상상력
을 가지고 다양한 표현을
할 수도 있고 반대로 한가
지의 주제를 다양한 재료
를 가지고 표현할 수도 있
다. 따라서 아이들의 흥미
와 관심 있는 재료들의 무
한한 확대가 필요하다.

　아이가 스스로 완
성한 결과물이 무엇을 나
타낸 것인지 말로 설명하
여 표현할 수 있게 해 준
다. 놀이회상 시간에 자신

그림 24 메양한 놀이재료의 세계

의 활동에 대해 앞에서 자신 있게 소개할 수 있도록 기회를 제공하고 적
극적으로 경청하며 집중할 수 있도록 환경을 조성한다. 이를 통해 성취감
과 만족감을 느끼고 긍정적인 자아개념을 형성할 수 있다.

놀이 활동의 완성도를 높이려는 의도로 아이의 놀이를 부모 또는 교사가 직접 수정하도록 하거나 하지 않도록 해야 한다. 아이가 스스로 탐색하고 계획하고 수정하고 의견을 조율해 나가는 과정에서 자기주도성과 메타인지가 향상된다. 따라서 부모와 교사는 다양한 방법으로 내면을 표현할 수 있도록 안내자 역할을 하며 아이가 주도적으로 자신의 작품을 완성해나갈 수 있도록 해야 한다. 그리고 칭찬과 격려가 필요한 순간에는 결과에 대해 무조건 "잘했다", "똑똑하다", "대단하다"라는 식의 칭찬보다는, 활동에 대한 노력, 협동의 정도, 전보다 발전한 점 등 구체적인 과정에 초점을 두어 상호작용하도록 한다. 이러한 부모와 교사의 피드백을 통해 자연스럽게 '학습목표 성향'의 바람직한 목표의식을 가질 수 있다.

3. 놀이와 일상적 생활경험과의 결합

놀이는 그리기, 만들기, 꾸미기 활동 중심의 형식에 얽매이지 않고 자유로운 발상에 기초하여 동작의 표현, 음악, 무용, 연극 등 다른 예술 분야뿐만 아니라 과학, 언어, 추리, 놀이, 게임 등의 형태와 결합된 활동을 구성한다. 또한 매일의 경험들을 결합하며, 예술을 일상생활 속으로 끌어들인다. 이러한 놀이는 일상생활 경험과 유사함을 경험하게 하는 다차원

적인 방법을 통해 그들 자신을 다양하게 표현할 수 있도록 한다. 서로의
의사소통을 통해 주제를 찾아가거나 표현의 방법을 찾아가고 서로간의
협력이 필요로 하는 소그룹 형태로 놀이 활동을 해 봄으로써 유아들이
놀이 활동을 통해 사회를 이해하게 되고 자신 이외의 다른 세계를 습득
하고 미래 자신의 세계를 만들어가는 데에 도움을 줄 수 있다.

예를 들면 이야기를 듣고 무대를 꾸며보는 활동을 하면서 유아들
이 서로 무엇을 만들지, 만든 등장인물과 배경은 어디에 설치할지에 대해
서로 의견을 조율하며 다른 사람의 의견과 생각, 감정이 내 의견이나 생
각, 감정만큼 중요하다는 점과 타인을 존중하는 태도, 배려와 친절함을
배울 수 있어야 한다. 유아들이 놀이 활동을 하면서 우연한 기회를 통해
친구와 협력한다. 큰 천을 자를 때 어렵게 가위질 하는 친구를 보고 반
대편에서 천을 잡아준다든지, 각자 블록을 가지고 만들다가 옆의 친구와
서로 합쳐 새로운 창작물을 만들며 즐거워한다. "쌓기놀이 할 때 친구가 큰
통을 만들었는데 나는 그 안에 넣을 것을 만들어서 합쳐서 놀았더니 엄청 재미
있었어요." 그리고 편 게임을 하면서 상대방과 경쟁하여 이기는 것보다는
협력하는 전략이 더 중요하다는 것을 알게 된다. 놀이 속 협력과정을 경
험한 아이들은 이기고 지는 건 중요하지 않다는 것을 스스로 알게 된다.
서로 도움을 주고받는 과정에서 아이들은 문제를 해결하고 더 발전적인
놀이의 경험을 갖는다.

Chapter

03

Ⅰ. 놀이 활동의 시작은 표현력과 창의력이다!

Ⅱ. 성장에 따른 적기교육과 연령별 놀이 방법

Ⅲ. 애착은 친밀한 정서적 유대감의 표현이다

Ⅳ. 애착과 관계성이 이동되는 경험도 필요하다

Ⅴ. 분리불안, 가정과 교육기관의 노력이
필요해요

I.
놀이 활동의 시작은 표현력과 창의력이다!

'놀다'와 '표현하다'라는 것은 둘 다 인간의 기본적인 욕구이다. 또한 뭔가를 표현하는 놀이 활동은 누군가의 구속이나 억압 없이 자유로운 분위기에서 표현력과 창의력 등이 더욱 발휘될 수 있다는 점에서 놀이와 일치한다. 즉 놀이를 통한 활동은 오감을 자극하고 신체를 많이 이용하는 적극적 놀이 활동을 말한다. 놀이 활동에 적극적으로 참여하고 다양한 재료를 활용하여 아이의 경험과 느낌을 표현하는 '과정' 그 자체를 즐기는 데 가치가 있다. 이를 위해 부모와 교사는 아이의 활동 결과물을 수정

또는 평가하는 것에 초점을 맞추기 보다는 활동을 하는 과정에서 **즐겁게 참여하는가, 호기심을 가지고 도전하는가, 자유롭게 내면을 표현하는가, 친구들과 올바르게 상호작용 하는가** 등에 초점을 맞추어 이를 관찰하고 도울 수 있어야 한다. 이러한 부모와 교사들의 피드백을 통해 자유로운 분위기에서 자신의 감정을 표현함으로써 정서적 긴장을 해소하고 성취감 및 자기 효능감을 획득할 수 있다.

1. 아이들의 욕구 충족

연령, 능력, 흥미 등을 고려하여 활동이 계획되었을 때 아이의 욕구를 충족시킬 수 있다. 이를 위해 부모와 교사는 먼저 무엇을 좋아하고 관심이 있는지 관찰하여 이를 찾아줄 수 있어야 하는데, **단순히 무엇을 좋아하는지를 살피는 것을 넘어서 좋아하는 대상을 어떻게 활용하는지에 관심을 둘 필요가 있다.** (예를 들어, 인형을 좋아하는 아이 중에서 인형을 가지고 인형놀이를 하고 싶어하는 아이도 있고, 인형의 집을 만들고 싶어하는 아이도 있을 것이다.) 이 때 아이가 자유롭게 자신의 관심영역을 확장시켜 욕구를 충족해나갈 수 있도록 유연하게 규칙을 바꾸고 놀이 수준을 변형할 수 있도록 격려한다.

모든 종류의 재료가 자유롭게 탐색되고 활용될 수 있게 할 때 독창적인 사고가 시작된다. 이처럼 **놀이는 아이들이 가정에서 시·공간적인 제약과 재료의 한계, 부모의 통제로 인해 발휘되지 못했던 역량을 충분히 드러낼 수 있는 기회를 제공하며**, 이를 통한 독창적 사고와 자신의 놀이작업에 대한 자발적인 참여는 창의성 발달의 기본 조건이 되는 것이다.

놀이는 유아에서 성인에 이르기까지 인간의 본능적인 욕구이다. 대부분의 사람은 어떤 형태로든 놀이를 하면서 삶을 살아간다. 특히 유아기의 놀이는 자기표현과 배움의 통로가 되며, 자발성과 자기주도성을 습득하고 발휘할 수 있기 때문에 매우 중요하다. 또한 유아들이 가지고 노는 다양한 놀잇감은 정해진 규칙이 아닌 즐거운 놀이방법을 찾아가는 것에 도전하게 해준다. 아이들은 놀이를 통해 다양한 재료를 탐구하는 과정에서 새로움에 대한 신비감이나 호기심으로 새롭고 독창적인 사고를 하기 때문에 창의성을 향상할 수 있다.

2. 창의성 인간의 본능적인 욕구

창의성에 대한 연구는 1950년 미국심리 학회(APA) 회장인 길포드(Guildford)에 의해 시작되었다. Guilford는 창의성이란 일반적으로 개인의 새로움에 이르게 하는 사고와 관련된 특성, 새롭고 신기한 것을 낳는 힘이라고 정의했다. 이후 창의성에 대한 개념은 서로 관계가 없다고 생각되었던 사이에서 유사점이나 공통점을 발견하여 문제를 해결하거나 새롭게 생산해 낼 수 있는 능력으로 발전하였다. 따라서 창의성은 과거나 현재보다는 미래를 지향하며 우리 삶의 질적 향상에 직접적인 영향을 준다고 할 수 있다.

창의성 전문가들에 따르면 유아기야말로 창의성 발달의 중요한 시기이며 창의성 계발에 꼭 필요한 창의적 표현능력은 4~5세 시기에 절정에 이른다고 했다. 따라서 유아기는 아이가 다양한 체험을 할 수 있도록 도와주고 풍부한 표현을 연습해 볼 수 있는 기회를 제공해 줘야 한다. 이를 위해서는 자리에 앉아서 공부만 하게 만들기보다는 몸을 움직이고 다른 아이들과 부대끼고 마음대로 상상할 수 있도록 해줘야 한다.

아이들에게 놀이재료에 대해 직접 관찰하고 다루어보면서 자신이 가지고 있는 정보를 활용하여 그 놀이의 내용과 방법을 바꿔보는 창의적 자발성을 훈련시킨다. 나아가 놀이 활동의 결과에 따라서 자신의 사고 과정을 수정하며 보완하는 역할을 하고 다른 전략을 활용할 수 있는 기회를 제공함으로써 아이들의 창의성을 향상시켜 준다.

어느 날 아침 아이들이 유치원에 들어가 보니 모든 방이 가구 외에는 아무것도 없이 텅 비어 있었다. 아이들은 인형, 게임, 동물 봉제 인형을 찾아보았지만 헛수고였다. 책이나 블록 장난감도 없다. 심지어 종이와 가위까지 사라졌다. 장난감이 모두 없어졌고 3개월간 계속 그러할 것이었다. 무슨 일이 있었던 것일까? 이 유치원은 '장난감 없는 유치원'이라고 하는 주목할 만하면서도 혁신적인 프로젝트에 참여하고 있는 유치원인데 독일, 스위스, 오스트리아에서는 이 프로젝트에 참여하는 유치원이 점점 늘어나고 있다. 이상하게 들릴지는 모르지만, 유럽 연합의 보건 전문가들에게서 크게 호평을 받고 있는 이 프로젝트가 추구하는 목표는 중독을 예방하는 것이다. 최근 들어 연구가들은 사람들이 어린 시절부터 사회성을 발전시킨다면, 그 어떤 중독에든 빠질 가능성이 줄어든다는 사실을 알게 되었다.

그러한 사회성의 요소 가운데는 "낯선 사람과도 쉽게 대화하고, 의견이 다를 때 그에 대처하고, 자신의 행동에 책임을 지고, 스스로 목표를 정하고, 문제를 파악하고, 도움을 주고, 해결책을 강구하는 능력과 의사소통 능력"이 있다고 한 신문은 보도한다. 이 프로그램을 지지하는 사람들에 따르면, 그러한 능력은 가능한 한 어릴 적부터 발전시켜야 하며, 장난감 없이 지내는 기간은 이러한 목적에 기여하는 한편 창의력과 자신감을 키워준다고 한다. 장난감을 3개월간 없애기 위해 부모와 자녀들이 참여하는 가운데 주의 깊은 계획과 논의가 있었다. 처음에 일부 아이들은 장난감이 없기 때문에 뭘 해야 할지를 몰라 난감해한다. "어떤 유치원

놀이의 힘! 잘~ 놀아야 똑똑한 아이가 된다

에서는 처음 4주 동안 아이들이 제멋대로 행동"하기 때문에 그 프로그램을 계획한 연구자들이 안절부절 못하고 있는 상황이다. 하지만 아이들은 얼마 지나지 않아 놀랍게도 적응하는 법과 창의성을 발휘하는 법을 터득하기 시작한다.

가지고 놀 장난감이 없기 때문에 아이들이 함께 상의하고 계획하고 같이 노는 일이 더 많아지며, 따라서 아이들의 사회성과 언어능력이 향상되었다. 전에는 장난감만 가지고 놀면서 "자신을 감추고" 지내던 아이들이 이제는 친구들을 사귀고 있다. 이 실험을 우려하던 부모들도 긍정적인 변화에 주목하였다. 부모들은 아이들이 놀 때 더 얌전히 행동하며 예전보다 창의력이 향상되었다고 말하였다. '유치원 취학기'는 독립심과 호기심, 상상력이 마치 우주의 별 만큼이나 펼쳐지는 시기이다. 이 시기에 다양한 활동을 통해 언어, 인지, 행동에 좋은 자극을 받는다면 평생 해야 할 모든 공부의 기초가 탄탄하게 마련되므로 아이가 배움에 대한 욕구와 호기심, 무한한 상상력을 갖도록 배려해야 한다.

더불어 끊임없이 변화가 일어나는 세상에서 정서와 공감지능이 높은 리더가 각광받는 시대가 올 거라 강조한다. 비판적 사고능력은 의미와 목적에 대해 끊임없이 탐구하고 생각하는 능력이다. 의사소통능력과 협업능력, 창의력은 아이에게 지금 당장의 점수가 얼마나 되는지 몇 문제를 맞았는지, 공부는 얼마나 했는지, 목표하고 있는 대학은 어느 대학인지,

그 수준에 도달하기 위해 치열하고 경쟁적으로 학원에 보낼 게 아니라 그보다 먼저 공감능력과 창의성, 관계회복능력, 인성교육과 감성교육에 적기교육이 있음을 알고 힘써야 한다는 의미다.

3. 만족지연 능력 향상

우리 주변에는 성공한 사람들이 많이 있다. 보통 사람들은 그들이 성공할 수 있었던 이유를 생각하면서 그 원인과 과정 등을 구체적으로 알아보곤 한다. 그들의 재능이 뛰어났던 것일까? 열심히 노력한 결과였을까? 하지만 많은 성공사례를 분석해보면 그들은 자신들의 성공을 위해 지금 당장의 유혹을 참고 견디는 능력 즉 **만족지연 능력**이 뛰어났다는 것을 확인할 수 있다. **보다 큰 만족을 위해서 지금의 만족을 잠시 미뤄보는 경험은 자기주도성 발달에도 매우 중요하다.** 만족지연 능력을 테스트하기 위한 방법으로 마시멜로 실험이 많이 알려져 있다. 이 실험은 아이들 앞에 좋아하는 초콜릿이나 사탕을 놓아두고, 먹지 않고 10분 정도를 기다리면 더 많은 초콜릿이나 사탕을 먹을 수 있는 과제를 제시하는 것이다.

실험에 참여한 아이들은 시작할 때 대부분 기다렸다가 더 큰 보상을 희망했지만, 실험이 종료된 10분 뒤에는 중간에 기다리는 것을 포기하

그림 25 4세~5세 어린이들의 만족지연 능력 실험

고 먹어버린 아이들과 끝까지 기다린 아이들로 나누어졌다. 기다리지 못하고 중간에 먹는 아이들의 특징은 바로 초콜릿이나 사탕에서 시선을 떼지 못한다는 점이다. 반면에 참고 기다린 아이들은 자신이 먹고 싶다는 생각, 즉 유혹을 통제하기 위해서 시선을 다른 곳으로 옮기는 모습을 관찰할 수 있었다.

초·중·고등학생들에게 자신들의 공부를 방해하는 유혹이 무엇인지 스스로 찾게 하고, 하루 동안 그 유혹에 대해 만족지연을 경험하게 하였다. 그리고 학생들에게 만족지연에 참여한 소감문을 작성하게 하여 하루가 지난 뒤 검사를 하였는데, 매우 의미 있는 결과를 얻을 수 있었다. 유혹을 견디고 기다려 본 학생들의 소감문을 보면 자신이 TV나 컴퓨터 게임이 하고 싶다는 생각이 들었을 때 동생과 놀이터에 가서 놀아주기, 피아노를 치며 다른 활동에 집중하기, 독서하기, TV리모콘 안보이게 감춰두기 등을 시도하면서 스스로 유혹을 뿌리치기 위한 노력을 했다는 것이다. 중요한 것은 마시멜로 실험에서처럼 만족지연해야 하는 대상이 초콜릿이나 사탕이 아니라 지금 내가 가장 하고 싶은 유혹으로 정했을 때 만족지연의 결과가 긍정적으로 나왔다는 것이다. **이것은 스스로의 의지로 조절과 통제를 할 수 있다는 점에서 자기주도성과 매우 밀접한 관련이 있다고 할 수 있다.**

로렌츠(Lorenz)는 학습에는 절대적인 시기가 있다고 하는 **적기교육**을 강조하였는데, 이러한 주장의 의미는 학습은 어떻게, 누구와 함께 하는가도 중요하지만 언제 하는가도 매우 중요하다는 것이다.

예를 들어 관계성, 애착, 도덕성과 같은 특성이나 능력은 어렸을 때 형성되지 않으면 성인이 되어서 만들어지기는 매우 어렵다는 것이다. 물론 가능은 하겠지만 훨씬 더 많은 시간과 노력이 필요하다는 것이다.

그림 26 학습의 절대시기: 적기교육.

만족지연도 비슷한 특성으로 아이가 어렸을 때 형성되는 것이 바람직하다. 성인이 되었을 때는 형성되기 쉽지 않기 때문이다. 아이들의 입장에서는 컴퓨터 게임, TV 시청, 수업시간에 조는 행위가 지금 당장하면 쉽고 편안한 만족감을 주는 행동들인데, 이런 것들을 잠시 참아내고 숙제를 하거나 수업에 참여해 보니까 누군가에게 칭찬도 받고, 인정을 받게 되며, 그리고 스스로 대견하다는 느낌을 갖게 되었던 것이다. 이러한 경험이 있는 아이들은 다음에 좀 더 어려운 상황에서도 자신의 욕구와 행동을 조절하고 통제하는 시도를 하게 되고 이런 것이 점차 문제해결 능력이 만들어지게 되는 것이다. 이러한 능력은 어렸을 때부터 지속적으로 향상시켜 나가는 것이 중요하다.

아이들은 놀이 활동을 통해 자신의 생각과 감정을 자유롭게 표현하면서 스스로에 대한 부정적인 측면과 긍정적인 측면을 느낄 수 있다. 아이들은 놀이에 참여하면서 처음에는 자신의 감정에 대해서 솔직하게 있는 그대로 표현한다. 하지만 아이들의 놀이는 혼자 노는 활동에서 다른 아이들과 함께 노는 활동으로 발전된다. 다른 아이들과 함께 하는 경우 아이들은 즐거운 놀이를 지속시키기 위하여 나쁜 감정과 좋은 감정 사이의 균형을 맞추려고 노력한다. 바로 자기성찰(자기반성)을 통한 만족지연을 경험하는 것이다.

아이들은 또래와 함께하는 놀이 과정에서 놀이가 자신의 의도대로 진행되지 않거나 놀이과정에 대한 불만을 느낄 때 즉각적으로 자신의 감정을 표출하기보다는 놀이를 통해 느끼는 즐거움을 지속시키기 위하여 자기감정을 통제하고 조절해 나간다. 또는 놀이 과정에서 안전을 위해 규칙을 지키고 개인이나 집단이 원하는 결과물을 만들기 위해서는 갑작스러운 신체 활동이나 충동적인 감정을 억제해야 한다. 이러한 경험은 아이들로 하여금 더 큰 만족을 위해 지금 당장의 만족을 지연시키는 능력, 즉 만족지연 능력을 향상시키는데 큰 영향을 미친다. 이렇듯 놀이 활동은 또래와 상호작용을 유지하기 위해 다른 아이의 생각, 느낌을 이해하며 또래와 상호작용을 하는 동안에 생기는 갈등을 스스로 해결하는 과정에서 만족지연 능력을 향상시키며 긍정적으로 놀이를 전개해 나가는데 큰 효과가 있다.

Ⅱ.
성장에 따른 적기교육과 연령별 놀이 방법

1. 만 2세 유아의 놀이

성장 초기인 만 2세 전후 영아들에게 흔히 나타나는 놀이로는 '혼자놀이'와 '병행놀이'가 있다. 혼자놀이는 다른 친구들과는 달리 혼자서 독자적으로 놀이하는 형태로 자신의 놀이에만 몰두하므로 다른 친구와 대화나 교류가 없는 것이 특징이다. 친구들의 놀이에 흥미가 없거나, 친구와 놀이를 할 줄 모르거나 놀 의사가 없는 경우, 자신만의 놀이를 하고자 하는 경우 등 다양한 원인으로 인해 혼자놀이를 하는 경우가 있다. 병행놀이는 다른 친구에게 영향을 주거나 상호작용을 하지 않고 독립적으로 놀이를 하지만 친구들 주변에서 비슷한 놀잇감을 가지고 놀이하는 경우이다. 즉, 같이 놀지는 않지만 친구 곁에서 비슷한 유형의 놀이를 하는 행동이다. 그렇기 때문에 이 시기의 영아들의 놀이 교육 방법은 주로 혼자하는 활동들이다. 24개월 이전에는 유아들이 시각, 청각과 같은 오감이 발달하고 감정, 논리, 운동발달의 뇌까지 모두 발달하는 시기이다. 이 시기는 탐구의 시기라고 할 수 있는데, 이때 다양한 감각자극을 통해 세상을 탐구하고 오감을 전체적으로 발달시켜 줄 수 있는 놀이가 필요하다.

이 시기에 아이들의 발달과정을 고려하여 다양한 오감체험을 통한 경험을 만들어준다. 동기 및 정서영역에서는 우선 자기효능감 형성을 목표로 한다. 아이들은 이때 만들어진 자기효능감을 바탕으로 자기결정성, 목표지향성과 같이 보다 적극적인 동기가 만들어지고 발전해나갈 수 있다. 정서영역은 아이들 입장에서는 새로운 사람, 부모, 선생님과 또래 혹은 처음 접하는 놀이재료 등으로 인해 만들어지는 불안감이나 스트레스는 언제나 존재하기 마련이다. 이때 부모와 교사는 놀이 활동을 통해 새로운 것에 대한 저항, 자신 없음, 두려움 등을 감소시켜 줌으로써 아이들 스스로 정서조절 능력을 키워나갈 수 있도록 도와준다.

인지영역은 집중과 기억, 창의적 능력에 초점을 두고 있다. 아이의 초기 자기조절력은 신체 감각기관 발달과 함께 만들어진다. 이 시기 아이들은 맛, 냄새, 촉감 등 다양한 방법으로 오감을 자극하며 성장하기 때문이다. 이때 아이들은 여러 가지 자극 중에서 좋은 자극과 불편한 자극을 구분하고 좋은 느낌을 감정과 연결시키며 자신의 심리 상태를 자발적으로 조절해 나간다. 또한 자신이 경험하지 못했던 새로운 자극을 느끼며 주의를 집중하거나, 주의를 전환시키는 등의 조절작용을 만들어낸다. 아이들이 주의를 집중하는 상황에서는 긍정적 정서가 발달하며 이렇게 만들어진 긍정적 정서는 건강한 두뇌발달의 기초를 형성한다.

행동발달을 위한 요인은 환경적응, 상호작용을 목표로 한다. 유아들의 자기조절력은 다양한 상황에 따른 사회적 요구를 의식하고 목적을 갖게 되며, 정서적 흥분을 조절하려고 시도함에 있어 더욱더 활발해지기 때문이다. 아이들은 환경에 적응하기 위해 자신의 감정과 행동을 유연하게 만들기 위한 신체행동을 사용하기 시작한다. 이러한 조절된 행동들은 지금까지 경험하지 못했던 환경적인 자극에 대한 반응으로 나타난다. 이렇게 만들어진 행동발달 능력은 이후 다양한 놀이경험을 하면서 부모와 교사, 또래와의 관계형성이나 만족지연 능력 등으로 발전하게 된다.

만 2세 유아의 특징과 놀이교육방법

연령	특징	놀이 교육 방법
만 2세	간단한 일상생활과 관련된 상징놀이가 가능하고 이러한 활동에 사용되는 실제 사물과 유사한 놀잇감을 선호한다.	장난감을 풍부하게 구비해 제공하는 것이 좋다.
	무엇인가를 끌고 다니는 것을 좋아한다.	영아들이 끌고 다닐 끈 달린 트럭 장난감이나 유모차 등을 구비해 제공하고 충분한 공간을 확보해 주는 것이 좋다.
	주변 세계에 대한 탐색 및 숙달에 관심이 있다.	계단을 올라가 쭉 내려오는 높지 않은 미끄럼틀, 끈을 넣어 꿰는 놀잇감, 물건을 모양에 맞추어 집어넣는 놀잇감과 같이 간단한 기능 숙달형 놀잇감을 제공해주고 놀이할 수 있도록 독려한다.
	사물의 속성(질감, 모양, 크기, 색)에 관심을 갖기 시작한다.	크기 또는 색깔이 다른 촉감, 공 같은 것들을 모으고 굴리고 탐색하는 놀이를 제안해도 좋다.
	영아의 개인-사회성 발달로 인해 그림책을 보며 상황을 이해하는 능력이 훨씬 더 진보적이다.	간단한 의성어, 말놀이 표현을 따라 해 보고 주인공의 행동을 모방해 보는 놀이로 확장해도 좋다.

예) 감각 공 손발 놀이 : 폭신한 공, 까끌까끌한 공 등 유아의 감각을 자
극시킬 수 있는 다양한 질감의 공을 통해 굴려보고 튕겨보고 밟아보
는 활동

Tip)
- 부모가 아이에게 무언가를 제대로 할 수 있도록 가르쳐주려는 태도를
지양하고, 아이가 최대한 쉽고 재미있게 놀이를 즐길 수 있도록 유연
한 환경을 조성한다. 자유롭고 신나는 환경에서 오감이 두루 자극될
때 두뇌도 함께 성장한다.
- 특정 자극에 대한 두려움이 있는 유아의 경우, 자극을 강요거나 급
하게 제시하기 보다는 유아가 재료를 탐색할 수 있는 충분한 시간을
주고 강도가 약한 것부터 단계적으로 천천히 제시한다. 유아가 싫어한
다고 바로 재료를 치우기보다는 교사나 부모가 혼자 가지고 노는 모습
을 보여줌으로써 보는 것만으로도 동기부여가 될 수 있도록 한다.

2. 만 3세 유아의 놀이

만 3세가 되면 단순하고 간단한 조작을 요하는 놀이형태를 선호한다. 친구들
과 함께 집단놀이를 하며, 놀이내용에 대해 대화도 하고, 놀잇감을 빌려
주기도 하고 구조물을 함께 만들기도 한다. 그러나 그 활동수행에 있어

서 유아들 간에 어떤 역할 분담이나 분업구조, 조직화된 활동이 없이 단지 함께 노는 놀이 활동을 하는 특징을 보인다. 또한 놀이 시 계속 반복하는 특징이 있으므로 복잡하고 새로운 놀이보다는 반복적인 놀이를 사용하는 것이 훨씬 효과적이다.

만 3세 유아의 특징과 놀이교육방법

연령	특징	놀이 교육 방법
만 3세	주의집중력이 짧아 놀이 지속시간이 매우 짧다	감각기관을 훈련하거나 초보적인 운동능력을 사용하는 놀이를 진행할 때 잘 해낼 수 있다.
	자신의 신체에 호기심을 갖고 자신에 대한 인식이 발달하는 시기이다.	자기효능감을 기를 수 있도록 놀이 활동 속에서 성공을 경험할 수 있도록 지도하는 것이 중요하다.
	기본생활습관의 형성과 사회성이 발달하는 시기이다.	기본적인 규칙들이 필요한 놀이를 적용하여, 규칙을 지키고 이를 통해 즐거움을 느낄 수 있게 한다.
	사고과정이 발달되고 상상력이 풍부하다.	집을 짓거나 다리, 터널을 쌓는 등의 만들기 활동이 필요하며, 자신이 만들고 꾸미는 과정과 결과물에 관심이 많고 타인에게 보여주며 만족감을 느끼기 때문에, 가상놀이와 역할놀이를 결합하면 좋다.

예) 땅 속 판화놀이 : 여러 가지 부직포와 물감으로 땅속 생물을 만들고, 땅속나라를 공동으로 완성시키는 활동

Tip)
- 언어능력이 월등하게 발달하는 시기이므로 교사는 유아의 행동이나 감정을 언어로 다시 표현해 줌으로써 인지적 자극이 되도록 한다.
- 간단한 규칙을 통해 유아들이 공동으로 작품을 완성하여 서로의 활동 을 공유하고 만족감을 느낄 수 있도록 지도한다.
- 재료에 있어서는 단순히 탐색하는 것을 넘어서 재료를 이해하고 활용 하는 데에 유아들이 생각을 확장할 수 있도록 안내한다.

3. 만 4세 유아의 놀이

어떤 놀이를 수행함에 있어서 유아들이 얻고자 하는 결과를 위해 서로 역할을 나누고 분업해서 조직적으로 놀이하는 시기이다. 연령대 중에서 가장 발전된 형태의 사회적 놀이를 하는 단계에 해당한다.

4~5세 유아들의 자기조절력은 영아기의 수동적인 조절력에서 보다 적 극적이고 능동적인 조절능력으로 발전한다. 이 시기 아이들은 놀이과정에서 자신의 실수를 수정하고 갈등을 해결하며 새로운 놀이 계획을 세우기 위

만 4세 유아의 특징과 놀이교육방법

연령	특징	놀이 교육 방법
만 4세	독립적이고 활동적·모험적인 놀이를 선호하지만 아직 상황판단을 잘 하지 못하고 즉흥적인 놀이 활동으로 또래와 부딪히는 경우가 많다.	친구들과 어울리고 함께 놀기 원하는 특성을 잘 활용하되 타인의 요구사항을 이해하고 상대방의 특성을 고려해 놀이를 조율할 수 있도록 지도하는 것이 필요하다.
	남녀의 성역할에 대한 인식이 시작되며 사회적 인간관계에도 관심이 많다.	건강한 성정체성의 발달 격려와 함께 자신의 생각과 감정을 잘 표현하고 소통하면서 친밀한 관계를 형성해 가는 능력을 키울 수 있도록 격려하는 것이 좋다.
	친구들과 함께 놀고 싶어 하는 성향이 많이 나타난다.	다가서기, 수용하기, 나누기, 자신의 생각 표현하기 등 사회적 놀이를 성공적으로 참여하는 데 필요한 기술들을 자발적으로 잘 익혀 나갈 수 있도록 돕는다.
	동식물이나 변화되는 자연현상에 대해서 관심이 많아 과학적 탐구 놀이나 여러 가지 사물의 속성이나 유사점, 차이점을 분류하고 범주화하는 놀이를 선호한다.	물, 모래, 비눗방울 등의 놀잇감을 활용하거나, 레고 블록, 수·조작 놀잇감 등을 사용하는 것이 좋다.

예) 우리 집과 가족 : 우리 집의 공간, 가족이 필요한 물건, 가족의 얼굴 등을 표현함으로써 생활 속 다양한 역할에 대한 탐구 활동

Tip)
- 남녀관계, 부모와의 관계, 친구관계 등 인간관계성을 발달시키는 시기이므로 다양한 역할놀이로 타인을 이해하고 공감하는 놀이를 진행할 수 있다. 이때 또래와의 갈등이 생겼을 때 교사는 가장 먼저 유아의 감정을 공감해 주고 자신의 감정을 올바르게 표현할 수 있도록 방법을 안내하여 충동적으로 행동하지 않도록 지도한다.
- 유아들과 함께 공유한 규칙은 일관되게 적용하고, 떼를 쓸 경우 대안을 제시함으로써 유아가 주도적으로 문제해결을 해 볼 수 있도록 안내한다.

해 학습하는 등 더욱더 자발적인 조절의 모습을 나타내게 된다. 또한 놀이 규칙을 이해하고 놀이 조건에 순응하거나 자기 자신을 조절하는 행동을 나타내기 시작하며 사회적 기대에 따라 행동하는 특성을 나타낸다. 학습동기 및 정서적인 영역에서는 놀이과정의 능동적인 선택과 결정을 통해 아이들로 하여금 자기결정성을 높여주는 것을 목표로 한다. 자기결정성은 아이들로 하여금 주변의 상황에 관심을 갖거나 반응하게 하고 나아가 효과적인 조절행동을 이끌어낸다.

인지 및 메타인지 영역에서는 놀이 과정에 가능한 것과 불가능한

것을 스스로 인식하고 판단하여 정확하게 구분하는 메타인지능력의 발전에 초점을 두어야 한다. 이 시기 아이들은 스티로폼으로 만든 바위와 진짜 바위를 구별할 수 있는 것처럼 눈에 보이는 것을 판단하고 구별할 수 있는 시기이다. 이러한 지적능력은 좌뇌와 우뇌를 연결하는 뇌량의 신경다발이 발달하면서 가능해진다.

특히 전두엽의 발달로 감정과 판단력, 의사소통, 일을 체계적으로 수행하는 능력, 청각주의력과 시각주의력이 활성화된다. 이 시기 아이들의 놀이는 단순한 탐색과 반복을 넘어서 자기가 보고 경험한 것을 통해서 스스로 무언가를 조작하고 만드는 것으로 발전되어야 한다. 이때 아이들은 문제해결능력이 향상되고 창의적 사고가 발달하게 된다. 이 시기에는 지우개가 벽돌이 되고, 우유팩은 집이 되고, 종이컵을 강아지로 재현하면서 세상에 대한 불완전했던 지식을 자신의 것으로 만들어내면서 두뇌의 발달을 이끌어낸다.

이 시기에 좀 더 신경 써야 할 부분은 아이들의 관계성을 발전시켜 나갈 수 있는 다양한 놀이를 제공해야 한다. 아이 스스로 엄마, 아빠가 되어 보거나, 의사가 되거나, 코끼리가 되고 트럭이 되는 등 다양한 역할을 하는 놀이는 아이들로 하여금 타인의 입장을 이해하고 공감하는 관계성을 발전시켜 나가는데 매우 효과적이다.

4. 만 5세 유아 놀이

만 5세 때는 4세 때와 비슷하게 집단놀이를 선호하지만, 보다 더 성숙한 놀이 특징을 보인다.

성장 초기에 방관자적인 행동이나 혼자 노는 특성을 많이 보이지만 점진적으로 이러한 모습이 줄어들고 또래 집단과 함께 협동하여 노는 양상을 보인다. 이러한 놀이 특성에서 오해해서는 안 되는 것은 영·유아의 성향에 따라서 사회적 놀이의 선호도가 다를 수 있다는 점이다. 연령별로 해당하는

만 5세 유아의 특징과 놀이교육방법

연령	특징	놀이 교육 방법
만 5세	놀이를 하면서 어떤 결과에 대해 왜 그런 결과가 나왔는지 원인을 찾고 해결하려는 태도를 보인다.	정확하게 무언가를 만드는데 관심을 가지고 자신이 만든 것과 다른 사람이 만든 것을 비교하기 때문에 유아가 주도적으로 활동을 계획하고 이행할 수 있는 붓, 물감, 찰흙, 색칠하는 책과 같은 놀잇감을 제공해줄 필요가 있다.
	모든 발달이 조화롭게 이루어져 다양하고 정교하고 복잡한 놀이를 즐기며, 놀이 시간도 길어지는 시기이다.	교사주도의 놀이보다는 유아들이 스스로 놀이 규칙을 정하거나, 변형·확장할 수 있는 목공놀이 도구, 복잡한 퍼즐, 다양한 블록, 디자인과 패턴 만들기, 종이접기, 주사위 등을 제공하여 스스로 놀이를 펼쳐갈 수 있도록 독려한다.

예) 새로운 우주의 세계 : 고정관념 속에 있는 우주의 틀에서 벗어나 자기만의 우주를 만들어보는 활동

Tip)
- 이 시기 유아는 모방하는 단계에서 벗어나 점차 창의적인 행동을 하려고 하는 시기이다. 부모와 교사는 말하기보다는 묻기(질문하기)와 듣기를, 결과보다는 과정과 시도에 반응을, 조용함과 질서유지에 신경 쓰기보다는 다소 시끄러움과 활동적인 상황을 더 선호할 수 있어야 한다. 유아의 모든 아이디어를 존중하고 시행착오나 실수를 너그럽게 허용할 수 있는 태도와 부모와 교사 자신의 완벽함을 추구하려는 자세보다는 어느 정도의 모호함을 수용할 수 있는 태도가 필요하다.

놀이 특성을 보이지 않는 이유가 발달이 부족하다거나 뒤쳐져서가 아니라 혼자서 노는 것을 선호하는 성향이 있기 때문이다. 예를 들어, 또래에 비해 우수한 지적 능력을 보유한 영·유아 또는 독특한 선호도와 흥미를 가진 영·유아의 경우 자신이 관심 있는 특정 활동에 몰입해 놀이하는 모습이 자주 나타날 수 있다. 또래와 어울리지 못하는 것이라기보다는 자신이 관심 있는 활동을 독립적으로 하고자 하는 욕구에서 비롯된 행동일 수 있다. 따라서 놀이발달에 대한 전반적인 양상을 고려하되 개인의 성향

을 이해하고 그에 맞는 촉진전략을 수립하는 것이 바람직하다.

5. 6~7세 자기조절능력의 완성을 위한 융합놀이

4~5세 이전 아이들은 놀이과정에서 규칙을 잘 이해하고 지키려고 하는 반면 6~7세 아이들은 사회적 기준에 따라 감정을 억제, 갈등을 미연에 방지하기 위한 감정을 통제하고 조절하는 능력이 발달한다. 즉, 이기적인 충동이 일어날 때 지금 당장의 이익보다는 보다 나은 결과물을 위한 행동으로 수정한다. 이는 부정적인 행동을 친사회적인 행동으로 바꾸는 것, 그리고 주변 환경을 의식하며 규칙과 법을 준수하기 위한 행동으로 바꾸는 것을 의미한다. 따라서 또래들과 함께 즐거운 놀이를 지속하기 위한 숙달된 자기조절력이 필요하다. 이렇듯 미래에 일어날 사건에 대해 좋거나 나쁘다고 예측하면서 타인을 향한 자신의 행동을 조절해 나가기 위해서는 만족지연 능력이 필수적이다. 만족지연능력은 타인들의 반응들을 예측할 수 있게 하고 타인으로부터 거절을 당할 수 있는 행동을 그만두게 한다는데 있어 행동조절 영역에서 매우 중요하다.

융합놀이는 아이들의 발달단계를 고려하여 놀이 활동을 통해 만들어진 다양한 경험을 기반으로 새롭게 세상을 바라보는 전환적 사고를 만들어주는 것을 목표로 한다. 아이들은 프로그램을 통해 일상생활서 접할 수 있는 자료나 매체를 분해하거나 합성을 통해 재구성해나간다. 이러한 놀이과정에서 아이들은 다른 아이들과 표현을 공유하면서 의견이 충돌하거나 마음이 맞지 않는 경우가 발생하기도 한다. 이때 아이들은 즐거운 놀이를 지속시키기 위해 스스로의 감정과 행동을 조절해 나가는 만족지연 능력을 배운다. **이 시기 또 다른 중요한 발달특성은 전두엽이 전과는 차원이 다르게 더욱 적극적이고 크게 발달한다는 점이다. 전두엽은 정보를 수집하여 조직하고 체계적으로 일을 수행하는 능력, 커뮤니케이션 능력, 집중력, 기억과 사고력, 감정을 조절하는 능력 등을 관장하는 두뇌 영역이다.** 아이들은 친구들과 함께 어울려 놀면서 다양한 형태로 상호작용하며 자신이 이해한 세계를 자신만의 해석으로 표현한다. 또한 타인과 언어로 원활하게 상호작용하면서 급격한 언어적 발달을 이룬다.

언어의 발달은 놀이의 과정에서 자신의 문제 또는 또래와의 갈등을 해결하고 극복하도록 도와준다. 친구들과 즐겁게 놀기 위해서 스스로 어떻게 소통해야 하는지를 알아가고 이를 통해 꽤 오랜 시간 한 가지 일에 몰입하는 능력도 생기게 된다. 이러한 몰입 능력은 이후 아이가 직면한 문제 상황에서 포기하지 않고 문제를 해결해낼 수 있는 능력으로 발전된다. 이러한 놀이과정을 통해 아이들은 지금 당장 일상생활에서 뿐만 아니라 향후 사회성을 높이고, 대인 관계가 원만하며 친밀성을 형성할 것이고, 매사에 일을 능숙하게 처리하며, 어떠한 어려움에 직면했을 때 큰 어려움 없이 잘 대처하게 된다. 특히 취학 후 학업 성적에서도 큰 차이를 보인다는 점에서 언어발달은 문제해결능력, 창의력 등에 매우 중요한 포인트가 될 수 있다.

Ⅲ.

애착은 친밀한 정서적 유대감의 표현이다

애착(attachment)이란 좁은 의미로 '아이와 엄마(주 양육자) 간에 형성되는 친밀한 정서적 유대감'을, 넓은 의미로는 '친숙한 사람과의 정서적인 유대감'을 일컫는 것으로 어느 문화권에서나 볼 수 있는 보편적인 이해이다. 아이들은 애착 관계에 있는 대상과 자주 상호작용을 하고 거리적으로나 심리적으로 가까움을 유지하려고 노력하기 때문에, 아이들은 엄마와 함께 있고 싶어 울거나 매달리고 따라다니는 행동을 함으로써 애착을 나타낸다.

세상에 첫발을 내딛고 모든 것이 다 새로운 아이에게 따뜻하게 돌봐주는 양육자는 매우 특별한 사람이 된다. 아이는 생후 1년 동안 양육자와 강력한 유대관계인 애착을 형성한다. 따라서 애착은 아이기에 나타나는 중요한 사회적 발달이며, 애착이 안정적으로 형성되어야 유아기로 가면서 인지, 정서, 사회성의 발달이 긍정적으로 이루어진다. 이처럼 애착이라는 첫 인간관계는 모든 방면의 발달에 영향을 미치기 때문에 초기 경험의 중요성을 보여준다고 할 수 있다.

로렌츠(Lorenz)가 강조한 적기교육의 개념에 의하면 애착은 어렸을 때 형성되지 않으면 성인이 되어서 만들어지기는 매우 어려운 것이다. 바람직한 애착 형성과 애착의 이동은 자기조절능력 가운데 행동조절능력을 키움으로써 가능해진다. 따라서 애착의 발달과정에 맞는 교육프로그램을 제공하고 부모와 교사, 또래들과의 적절한 애착 관계를 형성하는 것은 만족스러운 사회적 관계를 맺을 수 있는 자기주도적인 아이로의 성장을 도모하는데 큰 영향을 미친다.

1. 애착의 발달

존 볼비(John Bowlby, 1901~1990, 현대적 애착 이론의 토대를 제공한 학자)는 2차 세계대전 이후 부모로부터 장기간 분리된 아이들에 대해 관찰을 하였고, 이를 바탕으로 1969년에 '애착'이라는 연구를 발표하여, 애착의 발달과정을 네 단계로 나누어 제시하였다.

애착 형성의 주요 요인으로는 유아의 울고 웃는 신호에 엄마가 얼마나 신속하게 응답하느냐하는 양육자-자녀간의 상호작용과 유아가 응시할 때 엄마가 말을 건네거나 우는 경우 엄마가 달래 주는 등의 경우와 같은 상호동질성을 들 수 있다. 즉, 엄마가 아이의 욕구에 만감하게, 성심껏 대응하는 경우에 그렇지 못한 경우보다 더 강한 애착을 보인다는 것이다. 그 밖의 요인들로는 아이의 선천적인 부정적 정서성, 일관성 있는 양육태도, 애정성, 가족 수, 가족 구성 등 양육태도와 환경적 요인들이 애착의 안정성에 영향을 줄 수 있다. 따라서 애착은 환경적 혹은 천성적인 요인에 의해 개별적이고 복잡한 발달 양상을 보이며, 애착관계 또한 그 질에 따라 다양한 형태를 보인다.

2. 애착의 유형

매리 에인즈워드(Mary Ainsworth, 1913~1999; 아이가 보이는 애착의 개인차에 대해 연구한 대표적 학자)는 1978년 영아와 양육자 간의 애착이 안정적으로 형성되었는지를 알아보기 위해 '낯선 상황' 실험을 고안하였는데 영아와 양육자를 대

애착의 발달 과정

단계	특징
애착 전 단계 (출생~6주)	• 신생아가 다른 사람들에게 보이는 행동들(미소 짓기, 울기, 응시하기, 붙잡기 등)은 주위 사람들과 가까운 관계를 맺을 수 있도록 도와준다. • 아직 엄마에게 애착이 형성되지 않은 단계로 친숙하지 않은 성인과 함께 있어도 불안해하지 않는다.
애착형성 단계 (6주~8개월)	• 영아는 낯선 사람과 자신을 주로 돌봐주는 친숙한 양육자에게 다르게 반응하기 시작한다. • 예를 들어, 엄마와 상호작용을 할 때는 더 많이 미소 짓거나 웃고 옹알이를 자주 하는 모습을 보이고, 엄마가 안아주었을 때 더 잘 달래지는 것을 알 수 있다. • 그러나 여전히 엄마와 떨어져도 불안해하지 않는 모습을 보인다.
명백한 애착단계 (6, 8~ 18개월, 2세)	• 친숙한 양육자에 대한 애착행동이 분명해지고 엄마와 떨어지면 분리불안을 보이기 시작한다. • 엄마와 가까이 있으려고 하고, 다른 사람보다 엄마를 분명하게 좋아한다. 또한 엄마를 안전기지로 사용하여 주변을 탐색하는데, 이때 형성된 양육자와의 애착관계는 영아의 사회·정서적 기초가 된다.
상호적 관계의 형성 (18개월~2세 이후)	• 이 시기의 영아는 엄마와 떨어지더라도 금방 돌아온다는 것을 이해하는 시기이기 때문에 분리에 대한 저항이 줄어든다. • 부모와의 상호 애착관계의 파트너라는 것을 알기 때문에 부모에게 요구사항을 제시하거나 설득을 하여 협상을 하기도 한다. • 예를 들어, 부모와 헤어지기 전에 부모가 어디에 가는지, 언제 돌아오는지에 대해 충분히 대화를 하거나 부모에게 떠나기 전 책을 읽어 달라고 함으로써 이전보다는 쉽게 부모 없이 지낼 수 있다.

상으로 분리, 재결합 상황으로 구성된 8개의 상황을 통해 애착의 안정성을 측정하였다. 이를 통해 세 가지 애착 유형을 발견하였으며, 어느 유형에도 속하지 않는 또 다른 유형 한 가지를 추가하여 총 4가지의 애착 유형을 정리하였다.

안정 애착

안정된 애착 유형은 정상적인 애착의 표시를 보여준다. 안정된 애착을 보이는 영아는 부모를 안전기지로 삼아 주위를 자유롭게 탐색한다. 또한 이들은 성장하면서 부모와의 신체적 접촉보다는 탐색활동과 또래집단에 더 흥미를 보이는데, 대부분 자신감이나 자아존중감이 높아 어

그림 27 애착 실험 중인 Mary Ainsworth (1973)

른에게 덜 의존하는 모습을 보인다. 또한 자신의 감정을 조절하고 표현하는 것을 배우고 스트레스에 대처할 수 있는 능력이 생긴다. 안정된 애착은 영아의 신호에 엄마가 민감하고 즉각적인 반응을 보일 때 더 잘 발달하며, 어떤 양육태도로 아이를 대했는가가 애착의 강도를 결정하게 된다. 영아의 60~65% 정도가 이 유형에 해당한다.

회피 애착

부모와 함께 있을 때는 거의 반응이 없고, 분리가 되어도 크게 불안해하지 않는다. 부모가 돌아와도 무시하거나 시선을 피하고 부모가 안아주어도 잘 안기려 하지 않는 등 낯선 성인과 부모 모두에게 유사한 반응을 보인다. 그 이유는 유아가 부모로부터 자신의 욕구가 만족된 경험이 없기 때문에 관계 자체에 별다른 기대를 하지 않기 때문이다. 겉으로 보기에는 독립적인 것 같으나, 이는 건강한 독립심이 아니라 기대를 하면 좌절하는 상황에서 더 이상 갈등하지 않으려는 차선책으로 선택한 방식일 뿐이며, 이 유형의 유아는 나중에 또래나 교사 등 다른 대인 관계에서도 회피적 성향을 띠게 된다. 전체 아이의 20%가 이 유형에 해당한다.

그림 28 Mary Ainsworth의 낯선 상황 실험에서와 같이 엄마와 함께 놀던 아이가 엄마가 자리를 비우자 우는 모습을 보인다.

저항 애착

부모를 안전기지로 활용하지 못하여 부모가 함께 있어도 주의를 거의 탐색하지 않는다. 그렇기 때문에 부모가 떠나면 몹시 괴로워하고 부모가 돌아오면 부모에게 안기려 하면서도 화를 내고 저항하는 등 상반된 감정을 동시에 보인다. 이 유형의 유아는 자신 및 타인에 대한 신뢰감이 부족하여 다른 사람에게 비협조적이고 비순종적이며 공격적인 특성을 보이기도 한다. 이 유형의 아이들은 낯선 성인에게 잘 달래지지 않으며 10~15% 정도의 영아가 이 유형에 해당한다.

혼란 애착

혼란애착 유형은 위 세 유형의 어디에도 속하지 않기 때문에 비조직-비일관적 유형으로도 불린다. 가장 큰 불안감을 보이는 유형으로 부모가 돌아왔을 때 가까이 다가가려고 하다가 물러서거나, 부모에게 안겨 먼 곳을 쳐다보는 등 혼란스러운 반응을 보이고 모순된 행동을 보인다. 그러다가 갑자기 경직된 자세를 보이며 울음을 터뜨리기도 하는데 이는 부모가 위로의 대상인지 또 다른 위협대상인지 판단을 하지 못하기 때문이며, 5~10%의 영아가 이에 해당된다.

3. 애착의 긍정적인 효과

애착과 관련된 연구에서 애착 대상에게 잘 양육된 아이들은 그렇지 못한 아이들보다 성공할 가능성이 높다는 결과가 많다. 한 연구에 따르면 어린 시절 역경을 극복하고 성공하는 사람들에게는 꾸준히 정서적으로 지원을 제공하고 긍정적인 영향을 준 사람이 적어도 한 명 이상이 있다고 보고하고 있다. 이와 같이 출생 후 잘 형성한 애착이 성인이 되었을 때, 성공할 수 있는 밑거름이 될 수 있으며 그렇지 못한 성인보다 다음 몇 가지 측면에서 긍정적인 효과를 보여주고 있다.

- 애착을 잘 형성한 아이들은 친구들과 잘 어울리며 사회성이 좋은 편이나, 애착이 불안정한 아이들은 친구들과 어울리지 못하고 공격적인 성향을 보이기도 한다.
- 애착을 형성한 아이들이 성인이 되면, 감정 이입이 요구되는 상황에서도 원만하게 문제를 해결해나갈 수 있다. 애착이 감수성이나 감정 이입과 관련되어 상대에 대해 애정을 느끼고 귀를 기울이는 등 타인과의 관계 형성에 많은 도움을 줄 수 있다.
- 가족과 애착 형성이 잘 된 아이들은 친구, 교사, 주변 사람들과의 관계에도 긍정적인 애착 관계를 형성할 수 있기 때문에 학교생활에 잘 적응할 수 있다.
- 부모와 강한 유대감과 애착 관계를 가진 사람은 자기주도성을 갖춘 성인이 될 수 있다. 따라서 성인이 되어서도 스스로 어려움을 극복할 수 있다는 믿음과 힘을 갖고 성공할 기회를 갖게 된다.
- 부모로부터 따뜻한 애정을 받고 자란 아이들은 사회적인 행동을 잘 배우고 예의 바르게 행동한다.
- 어렸을 때 애착관계를 잘 형성한 아이들은 성인이 되어서도 안정 애착을 맺는 어른으로 자랄 가능성이 높다. 즉 어렸을 때의 경험이 부모와의 관계를 통하여 계속 발전해나가므로 애착 경험은 미래의 아이들에게도 좋은 애착을 형성할 수 있는 기회를 제공한다.

IV.
애착과 관계성이 이동되는 경험도 필요하다

아이의 정상적인 애착은 인간의 건강한 발달에 매우 중요한 요인이다. 애착은 처음에는 엄마의 태아에서 시작된다. 아이가 태어난 이후에는 엄마의 지속적으로 따뜻하고 친근하며 사랑 넘치는 보살핌에 대한 만족감을 통해 애착이 일어난다. **보통의 경우 애착은 한 사람에게서 일어나지만 아빠의 보살핌과 양육 개입정도에 따라 애착은 자연스럽게 엄마에서 아빠로 확대된다.** 이후 애착은 가족이나 친척 그리고 주변 여러 사람으로 확대 된다. 애착을 느끼는 상대를 자신의 불안과 위협을 감소시켜 줄 수 있는 존재로 생각하게 되면 애착과 더불어 관계성이 자연스럽게 형성된다.

이러한 애착과 관계성의 이동 경험은 아이의 현재와 미래의 삶에 중요한 영향을 미치게 된다. 애착 및 관계성의 이동 경험이 있는 아이들은 처음 애착의 대상이었던 엄마를 떠나 어린이집, 유치원, 초등학교 등 외부환경을 접하게 될 때 친구들과 선생님 같은 외부환경과 애착 및 관계성을 잘 형성한다. 반면에 그렇지 못한 아이들은 자신을 고립시키고 외부 환경의 접근을 허락하지 않으며 엄마만을 애착이나 관계 대상에 국한 시키려고 하는 경향이 있다.

따라서 애착은 인성발달에도 중요한 틀을 제공하며 애착의 이동 경험이 얼마나 중요한가를 알려준다. 애착은 한 사람에서 다른 사람에게로 형성해가는 유대이다. 애착 행동의 이동은 근접성을 증가시키는 것으로 상호작용에 관심이 있음을 신호하여 아이로 하여금 그런 상호 작용에 참여케 할 기회를 적극적으로 갖게 하는 것이다.

애착에 문제가 생기면 아이의 연령에 따른 적절한 사회적 상호작용을 만들어내지 못한다. 애착 장애가 있는 아이들은 다른 사람과 어떤 형태로든 관계를 형성하는데 문제가 있으며 이는 아이의 성장과 발달에 부정적인 영향을 끼친다. 일반적인 상황에서는 사회관계 형성이 5세 이전에 시작되어야 하지만 애착에 문제가 생기면 이 시기에 사회적 관계를 시작하지 못하게 된다. 애착 이동에 문제가 있는 아이들은 이 시기를 넘게 되면 예상하지 못한 이상 행동을 보이기 시작한다. 낯선 사람에 대해서 지나치게 친근감을 형성하거나 애착대상을 선택하지 못해서 불안이나 무기력한 증상을 보이기도 한다.

　이러한 애착에 대한 문제는 한부모 가정환경 및 심각한 경제적 어려움 등으로 인해 나타나지만 일반적인 가정에서도 부모의 잘못된 양육 스타일로 인해 나타나기도 한다. 일부 부모들은 자신들이 아이에게 적절한 양육을 제공하고 있다고 믿지만 실제로는 아이가 진정으로 무엇을 원하는지를 모르는 경우가 많다. 아이의 심리적 문제에 대해 신체적으로 아픈 것으로 오해하기도 한다. 대개 이러한 부모는 아이와 눈 마주침이 적고, 아이의 요구에 대해 반응을 하지 않거나 일관성 없게 반응하며 보호하려고만 한다.

　관계성은 단순히 친구가 많고 적음의 문제가 아니라 사회의 기준에 맞게 행동하고 다른 사람과 관계를 맺거나 정서적인 교감을 나누는 능력을 말한다. 자기 자신만을 인지하는 시기를 벗어나 남과 나를 구분하는 시기로 자아 개념이 점점 발달하는 시기이다. 이런 시기에 애착 및 관계성 이동 경험이 원활히 이루어지지 못하면 이후 유치원, 학교에서 친구들 혹은 선생님과 잘 어울리지 못하고 혼자 놀거나 다른 아이와 자주 다투는 모습을 보이게 된다. 그렇기 때문에 유아시기에 놀이 활동을 통해 다양한 사물을 탐색하고 사람들과 끊임없이 상호작용하면서 건강한 사회성 및 정서를 형성하는 것이 매우 중요하다.

이때 보호자나 교사는 아이들의 발달단계에 맞는 놀이를 제공해주어야한다. 놀이프로그램은 단계에 따라서 아이 혼자 독립적으로 즐거움을 탐색하는 놀이, 교사와 상호작용하는 놀이, 다른 또래와 상호작용하며 관계성을 형성하는 놀이로 구분되어 진다. 이러한 다양한 환경에서의 놀이 활동은 아이의 애착 및 관계성 형성에 정상적인 발달과정을 만들어가게 해준다. 이렇게 성장한 아이들은 이후 청소년이나 성인이 된 후에 만족스러운 사회적 관계를 맺을 수 있게 된다.

이상에서 살펴본 것과 같이 아이들은 놀이를 통해 풍부한 상상력을 재구성하는 경험을 통해서 호기심과 욕구를 유발시키며 감수성을 강화시킨다. 또한 다양한 놀이재료는 아이들의 내면에 감추어진 즐거운 놀이를 구성하고 전달하는 역할을 한다. 이와 더불어 부모와 교사의 놀이 개입은 유아들의 평소 불쾌했던 행동을 놀이로 승화시키는 역할로 아이들로 하여금 성공을 경험하게 해준다. 이러한 성공은 아이들로 하여금 즐거움과 행복을 느끼게 해주며 아이들이 미래 사회를 살아가는데 있어 보다 자기주도적인 아이로의 성장을 도모하는데 큰 영향을 미치게 될 것이다.

1. 교사-아이 간 애착 형성

존 볼비(JohnBowlby; 1907-1990)가 수행한 1990년 아이 75명을 대상으로 6~7개월 동안 부모와 시설 양육자의 애착에 대해 실험을 하였다. 그 결과, 교육기관이나 시설에서 더 많은 시간을 보내고 시설의 양육자가 보다 더 민감하게 반응한 경우, 아이가 부모와의 애착을 안정적으로 형성한다고 하였다. 즉, 교사와의 애착이 부모와 아이의 애착에도 영향을 끼친다는 것이며, 교사와의 안정애착이 부모와 아이의 불안정 애착을 어느 정도 보상할 수 있다는 것을 뜻한다. 그만큼 교사와 아이의 애착 형성이 중요한 역할을 하고 있다는 것을 알 수 있다.

좋은 관계 형성은 의미 있는 시간을 오랫동안 함께할 때 가능해진다. 그리고 교사는 아이의 행동이나 반응을 이해하기 위해서는 자신이 갖고 있는 시간개념을 인식하는 것이 필요하다. 아이 자신이 생각하는 중요한 활동과 관심 있는 것에 대한 시간 개념이 교사가 생각하는 것과 다를 수 있기 때문이다. 부모나 가족, 교사들은 한 가지 일에 빠져 너무 많은 시간을 보내거나 참을성 없이 잠시도 가만있지 못하는 아이들을 잘 이해하지 못하는데, 이는 아이들의 관심이나 흥미를 파악하지 못하기 때문이다. 아이들의 행동을 주의 깊게 관찰하고 말을 잘 들어주는 것만으로도 '너는 매우 소중해', '너의 이야기는 흥미로워'하는 의미를 전달할 수 있다. 기회가 되면 대화를 방해하거나 대화를 끝내려고 하고, 다른 주변의 상황이나 대상에 주의가 분산되는 것은 아이에게 관심이 없다는 것을 보여주는 것이다. 따라서 부모는 아이의 말과 행동에 즉각적으로 주의를 기울이고, 행동이나 놀이를 관찰하면서 너의 생각과 관심, 행동, 감정, 의견에 얼마나 중요하고 의미 있게 공감하고 있는지를 이야기해주는 것이 필요하다. 이러한 과정을 통해서 아이가 유치원에 가서도 선생님의 가르침이나 행동, 눈 맞춤, 선생님의 의견에 귀 기울이고 주의력을 잃지 않은 애착을 타인에게 이동하는 행동이 자연스럽게 이뤄지면 이런 아이를 부침 성이 좋은 아이라고 한다. 이를 위해서 부모는 아이와의 충분한 시간을 갖고 즐거운 경험을 함께 공유하는 것이 무엇보다 중요하다.

● **관계형성(충분한 시간 필요) TIP**

▶ 행동이나 놀이를 충분히 관찰하기
▶ 관심 있는 것에 충분한 시간을 주고 방해하지 않기
▶ 개별적인 시간의 차이를 인정하고 끝날 때까지 참을성 있게 기다려주기
▶ 반응을 주의 깊게 들어주고 흥미로워함을 표현해주기

놀이의 힘! 잘~ 놀아야 똑똑한 아이가 된다

2. 친해지기 관계성

교사는 부모 역할을 대신하는 사람으로, 유아에게 매우 의미 있고 특별한 성인이며, 학습 환경을 제공하는 것 뿐 아니라, 보호와 사회화 역할을 통해 유아가 또래와 신뢰하는 관계를 형성하고 긍정적인 상호작용을 맺을 수 있도록 돕는다. 기관에서 맺게 되는 교사와 아이 관계의 질은 유아기에 이루어지는 인지적, 사회적, 정서적 발달에 결정적인 요소가 되며 향후 학교 적응과 이후에 만나는 또 다른 교사와의 관계에 영향을 미칠 수 있기 때문에 매우 중요하다. 교사와 긍정적인(친밀한) 관계를 맺은 아이는 자신감과 성취동기를 갖게 되고, 주변의 요구를 잘 처리하고 판단하며, 또래 집단에서의 사회적 활동이 원만히 이루어진다. 교사와의 따뜻하고 애정적인 유대는 교육기관에 대한 긍정적인 정서와 태도를 갖게 하며, 수업활동에 더 적극적으로 참여하도록 돕는다.

교사와 갈등적 관계를 경험한 아이는 교사를 긴장의 대상으로 생각하고, 도움을 청하거나 받아야 할 상황에서 지원자로 활용하는데 제한적일 수 있다. 또한 아이는 소외감이나 외로움, 불안-공포 반응과 공격성 등의 부정적 반응을 보이고, 낮은 사회적 기술, 부정적인 학습 태도 등 행동상의 문제를 보이며 이후 학교생활의 적응에서도 어려움을 보이는 것으로 나타났다.

부모 어느 한쪽에 과도하게 의존하는 유아는 사회적 환경에 대한 탐색을 하는 데 어려움을 가질 수 있다. 의존이 많은 유아는 미성숙한 행동을 보이며, 매사에 소극적이고 자신의 능력을 충분히 발휘하지 못하고, 적극적으로 무엇인가를 해보려고 하지 않는다. 또한 또래를 사귀기 힘들어하며, 용기가 없으므로 새로운 것에 대한 호기심이나 흥미를 보이지 않으며, 타인의 앞에서 의사표현을 제대로 하지 못하고, 또래 친구나 교사 곁에 다가가지 못하고 맴도는 행동을 나타낸다. 새로운 상황에 대한 걱정, 불안 행동이 높다. 그러므로 부모는 아이가 엄마나 아빠 한쪽으로 애착이 매몰되지 않도록 **주변사람들과의 관계형성이 되도록 기회를 주어야 하고 적극적인 노력이 필요하다. 아이는 나만 사랑스럽고 예쁜 아이가 아니라 다른 사람에게도 사랑받는 행복한 아이로 성장해야 한다.**

3. 자녀와 교사의 관계 형성 방법

존중하는 자세와 태도

부모입장에서 관찰해 보면 교사는 아이의 계층이나 성별, 신체, 사회·문화적 배경에 관계없이 학습과 발달의 기회를 평등하게 제공하기 위해 노력한다. 유아를 존중하는 자세와 태도로 몸을 낮추고 아이의 눈을 바라보며 이야기를 나눈다. 교사는 아이가 흥미와 기대감을 갖고 계획한 활동에 적극적으로 참여할 수 있도록 도와주며. 활동에 참여한 아이가 즐거움을 느끼며 집중하기 위해서 따뜻하고 애정이 담긴 대화를 나누고 미소를 짓고, 격려하고, 인정하는 등 언어적, 비언어적 방법을 모두 활용하는 것을 보았을 것이다. 밝고 즐거운 분위기 속에서 아이와 교사 간의 관계는 더욱 돈독해질 수 있다.

교사는 자녀의 개별적인 생각과 느낌을 수용하고 존중하며 아낌없이 격려한다. 특히 활동에 적극적인 참여를 유도하기 위해 주의 깊게 살펴보고 요구에 즉각적이고 민감하게 반응하며 아이와의 신뢰감 있는 관계 형성을 위해 노력한다.

교사는 아이가 새로운 대상과 현상에 대해 많은 호기심을 보일 때, 관심 있어 하는 대상을 발견했을 때, 깊이 있게 탐색할 수 있도록 격려하고 언어적, 비언어적인 상호작용을 유도한다. 자신의 생각과 느낌을 분명하게 표현할 수 있도록 도우며, 나아가 아이의 전인 발달을 지원하는 역할을 맡게 된다. 아이들의 서로 다른 요구나 흥미, 능력을 세심하게 관찰하면서 개별적으로 상호작용하고 반응해준다. 특히 의사소통이 분명하지 않은 아이의 경우, 어떤 요구를 하고 있는지 주의 깊게 관찰하며 민감하게 알아차리고 적절한 반응을 해주는 것이 교사와 아이들 간의 애착과 관계성에서 신뢰를 높이는 기회임을 전문가답게 알고 행동해야한다.

아이들은 자신을 돌봐주는 성인들과 신뢰감을 바탕으로 애착을 형성하는 것이 매우 중요하다. 가능한 변화가 없는 상황에서 꾸준하고 일관되며 긍정적인 상호작용을 경험한 아이들은 이후 다양한 대상과의 관계 형성에 어려움을 적게 느끼게 된다. 따라서 교사는 아이들과 상호작용 시, 긍정적이며 일관적인 태도로 대해야 한다. 교사는 아이의 생활에 있어 중요한 역할을 하는 가족외의 관계이며 부모를 대리해서 행동하므로 가정 이외에 최초로 경험하는 인적 환경이다. 따라서 엄마의 애착이 불안정하더라도 교사와의 애착이 안정적이라면 엄마와의 불안정한 애착관계를 보상할 수 있다. 또한 교사와의 애착은 사회적 능력을 예측할 수 있을 뿐만 아니라, 교사와의 친밀한 관계는 정서적 안정감과 또래와의 바람직한 관계 형성의 기초가 된다. 교사와의 안정된 관계는 부모와의 애착관계에서와 같이 낯선 환경에 대한 적극적인 탐색, 긍정적인 정서, 다른 사람과의 유능한 사회적 상호작용을 증진시킨다.

교사와의 안정적인 애착은 자신감을 줄 뿐 아니라 교사의 지도방식(사회화 방식)에 더 잘 따르게 한다. 반면 교사와의 불안정한 애착관계는 교사와의 접촉을 피하고 화를 더 많이 내며 교사와 또래와의 관계에서 원만하지 못하고 문제행동을 많이 보이는 것으로 평가된다. 내용들을 통해서 애착과 관계성의 이동이 얼마나 중요한지와 애착발달에 대한 종단연구를 통해 아이는 자신의 울음과 요구에 재빨리 반응하고, 일상적인 보호·양육 이외에 상호작용을 자발적으로 시작하고 격려하는 사람에게 애착된다는 것이 밝

그림 29 유아-교사 간 애착 형성

혀졌다. 이는 곧 상호작용과 아이의 요구에 대한 민감한 반응이 중요하다

는 것을 말한다.

V.
분리불안, 가정과 교육기관의 노력이 필요하다

분리불안은 집이나 주요 애착대상으로부터 분리되는 것에 대한 과도한 불안이다. 즉 주요 애착대상과의 분리를 완강히 거부하고 매우 불안해하는 것이 분리불안의 전형적인 특징이다. 정상적인 발달과정에서 생후 8개월이 되면 영아는 엄마에게 애착을 형성하게 된다. 이때 엄마에게 붙어 있기 위해 울고 떼쓰는 것으로 나타나는 것이 분리불안이다. 어느 정도의 분리불안, 즉 1세 미만 영아의 낯가림이나 낯선 환경에 대한 두려움 등은 대부분의 영아들이 겪는 정상적인 발달과정으로 차차 나아지는 일시적인 현상이다. 그러나 이 같은 증상이 계속되면서 몹시 불안해하고 언제 어디서고 엄마 옆에 붙어 매달린다면 분리불안 장애를 의심해 볼 수 있다.

분리불안 극복을 위해 영아와 부모의 애착, 부모의 양육태도 및 양육효능감이 중요하게 작용할 수 있지만, 그것만큼 중요한 것이 바로 부모와의 상호작용이다. 상호작용은 영아의 분리불안 극복에 도움을 준다. 엄마와의 분리과정에서 나타나는 영아의 불안한 마음을 알아차리고, 언어적으로 위로해주고 비언어적인 행동인 토닥이기와 꼭 안아주기를 통해 상호작용을 할 수 있다. 엄마나 아빠가 양적으로 많은 시간을 아이와 함께 해야 한다는 의미가 아닌 길지 않은 시간이라도 질적으로 자녀의 신호에 주의 깊게 반응하고 공감하면서 격려하는 상호작용은 안정감을 느낄 수 있게 하고 불

그림 30 분리불안

안감을 상당 부분 해소시킬 수 있다. 단 어쩌다 시간되면 가능할 때가 아니라 일정한 간격으로 정기적인 관심을 주고 이때가 되면 엄마아빠의 사랑과 관심을 받을 거라는 기대와 행동이 일치해야 한다.

1. 긍정적인 언어 환경

애착 대상과의 상호작용에는 언어 환경이 아이의 태도뿐만 아니라 관계에도 영향을 미친다. 언어 환경이란 환경 내에서 일어나는 모든 언어적 상호작용을 포함하는데 언어 내용, 방법, 양, 말하는 대상, 듣는 사람 등 모든 것이 포함되며 어떻게 사용되고 조합되느냐에 따라 긍정적인 관계 형성이 이루어지는가, 그렇지 않은가가 결정되기도 한다. 이와 반대의 부정적인 언어 환경을 생각해보면, 주변의 대상이 친근하게 말을 걸지 않거나 상호작용의 기회가 적다거나, 상대로부터 사랑받지 못하고 있음을 느낀다면 아이들이 애착을 형성하기에 어려움을 느낄 수 있다. 특히 큰 소리를 지르거나 조롱하듯이 이야기하는 등의 부정적인 언어 환경은 애착 형성 외에도 자녀의 자아존중감 저하에도 영향을 끼친다. 따라서 긴밀한 관계 형성을 위해서는 언어적 상호작용 시 긍정적인 언어 환경 조성에 힘써야 한다.

관심과 흥미를 나타내는 가장 기본적인 방법은 바로 대화를 이어 나가는 것이다. 특히 아이가 관심 있어 하는 것에 대한 대화는 자발적이고 더욱 오랫동안 대화할 수 있도록 한다. 자신의 생각과 느낌, 감정에 관심을 가져주는 대상과 상호작용의 기회가 많아지면 그 대상은 믿을만한, 신뢰할만한, 그리고 지지할만한 사람으로 관계를 형성하게 된다. 엄마는 자녀가 보는 앞에서 대화 중에 교사의 대화를 중단하거나 자기중심적으로 방향을 이끄는 등 대화를 멈추게 하는 등의 부적절한 상호작용보다는 교사의 의견을 충분히 듣고 엄마의 의견을 전달하는 허용적인 분위기에서 예의와 품의있는 행동, 감정을 조절하면서 교사의 권위를 존중하는 모습을 자녀가 보고 생각하고 느낄 수 있는 기회를 자주 접하게 해야 교사와의 애착과 관계성 이동이 자연스러워진다.

2. 일관된 애정표현

안정된 애착은 애정표현이 많고 요구를 일관성 있게 충족시켜 줄 때 형성이 된다. 무엇보다도 감정을 이해하고 공감한다는 사실을 알려주는 것과 같은 부모의 정서표현 행동이 애착의 안정성에 가장 큰 영향을 미치며, 이는 정서적 경험을 신뢰하고 바른 자아상을 갖도록 할 수 있다. 그러므로 교사 역시 부모와 일관된 양육태도를 갖는 것이 중요하다. 애착이 형성되기 위해서는 동일한 시간, 동일한 교사가 아이를 맞이하고 장기간 상호작용하는 것이 중요하다. 그러기 위해서는 부모와 교사간의 믿음과 신뢰관계가 너무도 중요하다는 사실!

● 긍정적 언어사용을 위한 TIP

▶ 항상 상호작용할 준비 되어있기
▶ 관심을 나타내고 인식하고 있음을 말로 표현해주기
▶ 말을 적극적으로 경청하고 말에 집중하기
▶ 아이의 말에 반박하거나 비판, 무시하지 않기
▶ 사랑스럽고 공손한 태도와 언행으로 말하기
▶ 아이의 표현과 행동에 관한 직접적인 판단의 말을 하지 않기
▶ 흥미로워 하는 것에 대해 자유롭게, 자주 이야기 나누기
▶ 현재 하고 있는 관심 있는 행동을 관찰하고 이에 대해 이야기 나누기
▶ 아이가 자신의 생각을 표현하도록 격려하기
▶ 독창적인 대답을 하도록 개방적이고 다양한 질문을 유도하기
▶ 자아에 대해 좋은 감정을 형성할 수 있도록 친근하게 이름을 부르며 다가가기
▶ 아이를 격려하고 인정하며 칭찬을 아끼지 않기

3. 효과적인 칭찬

칭찬은 관계 형성에 큰 영향을 주고 있으나, 효과적인 칭찬과 비효과적인 칭찬에 대해서는 엄격하게 구분할 필요가 있다. 무분별한 칭찬은 자기 확신이나 자아 존중감을 높이는데 도움이 되지 않으며, 과정 및 결과 후에 칭찬하는 것이 필요하다. 효과적인 칭찬은 모든 상황이 아니라, 가치 있는 상황을 찾아 그것에 대해 구체적이고 긍정적으로 하는 것을 의미한다. 일반적으로 하는 말이 아니라, 구체적으로 칭찬하는 것이며, 한 일을 분명하게 알려주는 것이 좋다. 효과적인 칭찬은 긍정적이므로 다른 대상과 비교하지 않으며, 행동에 대한 평가도 하지 않는다. 행동을 반영하면서 긍정적인 변화에 주목하고, 다른 활동에 미칠 수 있는 긍정적인 영향

● 효과적인 칭찬을 위한 TIP

▶ 그림을 잘 그렸구나. → 아이를 평가하는 비효과적 칭찬
▶ 여러 가지 색을 사용해서 그림을 그렸구나.
  → 아이를 인정하는 효과적 칭찬
▶ 잘 했어. → 일반적인 비효과적 칭찬
▶ 그림을 열심히 그렸구나. → 구체적인 효과적 칭찬
▶ 누구보다 잘 그렸구나. → 대상과 비교하는 비효과적 칭찬
▶ 예전에 그리지 않았던 것을 그려보았구나.
  → 과거 경험과 비교하는 효과적 칭찬

을 강조해주는 것이 좋다. 정직하게 칭찬하면서 노력에 초점을 맞추면 이를 받아들이는 자녀는 교사와의 관계도 점차 신뢰하는 긍정적인 방향으로 나아갈 수 있을 것이다.

놀이 활동은 아이의 발달 수준에 기초했을 때 이루어진다. **발달수준을 존중하는 것은 스스로 자아 존중감을 갖도록 돕고 다른 학습 상황에서도 유능감을 가질 수 있다.** 이를 위해 부모와 교사는 긍정적인 정서 표현으로 격려하며, 쉽게 잘 해낼 수 있는 과제만 제공하는 것보다는 불편하고 새로운 자극에도 열린 마음으로 도전할 수 있도록 기회를 제공해야 한다. 이를 통해 자유롭게 그리고 융통성 있게 실패에 대한 두려움을 갖지 않고 충분히 해낼 수 있다고 스스로 믿는 마음인 자기효능감을 키워나갈 수 있다.

Chapter

04

Ⅰ. 잘 놀아본 아이가 똑똑한 이유가 있다

Ⅱ. 놀이 활동은 창의력과 문제해결 능력의 근원이다

Ⅲ. 놀이 활동은 신체적 성장을 촉진시킨다

Ⅳ. 정서와 기분을 오해하지 말자

Ⅴ. 아이들은 생활경험 속에서 세상을 인식하고 이해해 나간다

I.
잘 놀아본 아이가 똑똑한 이유가 있다

놀이에 대한 부모들의 관심이 뜨겁지만, 그만큼 고민도 깊다. 열심히 놀아주고 싶지만, 놀이 장소가 집을 벗어나기 힘들기 때문이다. 우리나라 아이들의 72.7%는 가장 많은 놀이 시간을 집에서 보낸다. 엄마 아빠가 어린 시절 놀던 바깥은 왜 사라진 걸까? 도시화가 빠르게 진행되면서 사라진 실외 놀이 공간! 바깥에서 놀지 못하게 되면서, 친구 대신 부모와 놀이하는 시간이 많아질 수밖에 없다. 놀이의 공간도, 대상도 달라진 것이다. 아이들이 밖에서 놀아야 하는 이유는 무엇일까? 사라진 바깥 놀이를 아이들에게 돌려주기 위한 노력을 함께 해야 한다.

온종일 거실에 깔린 놀이 매트 위에서 논다. 층간 소음 때문에 어쩔 수 없는 선택이었다는데. 좁은 매트를 벗어나지 못하는 아들을 볼 때마다 부모의 마음이 아프다. 어린 시절 골목에서 누구의 눈치도 보지 않고 뛰어놀았는데, 요즘 아이들의 놀이 세상은 왜 이렇게 좁아진 걸까?

아이들에게 '골목'을 돌려주자! 영국 '플레잉 아웃'

한 달에 두 번, 차량을 통제해 아이들이 골목에서 마음껏 뛰어놀게 하는 행사 '플레잉 아웃' 날이 되면 골목길에서 스케이드 보드를 타고, 다양한 연령대의 아이들이 한데 모여 축구하는 모습을 볼 수 있다. 어른들도 이웃들과 한 자리에 모여 즉석 바비큐 파티를 벌이는데, 아이들을 위해 시작한 운동이 지역 공동체를 단단하게 묶는 역할까지 하고 있다.

"거리에서 놀기의 대단히 중요한 측면 중 하나가 아이들이 또래 집단과만 상호작용을 하는 것이 아니라 전 연령대와 소통한다는 겁니다. 어른과도 상호작용하면서 자신들의 사회성 기술을 개발하죠."

−놀이 전문 컨설턴트 전 플레이잉글랜드 국장 팀 길−

아이들이 밖으로 나가야 하는 이유! 흙과 물이 최고의 장난감이다. 육아정책연구소가 실시한 14개의 놀이 공간에 대한 만족도 설문조사에서 놀이터는 5점 만점에 3.42점, 끝에서 두 번째를 차지했다. 천편일률적인 놀이기구와 시설에 아이들이 재미를 느끼지 못하기 때문이라는 것이 전문가들의 분석이다. 그렇다면 다른 나라는 어떨까? 독일의 놀이터는 화려한 놀이기구 대신 물과 모래를 필수로 갖추도록 권하고 있다. 용도가 분명한 장난감이 아니라, 물과 모래를 가지고 놀 때 아이들의 상상력과 놀이가 극대화된다는 것이다. 아이들이 놀이를 위해 세상 밖으로 나가야 할 이유이기도 하다.

"나가 논다는 것은 어린아이로서 좀 더 자유가 있고 지나치게 제한되거나 에워싸이지 않음을 뜻합니다. 나가 놀 때 맛본 그 자유는 머리 위에 지붕이 있는 환경에서는 느끼기 어렵다고 생각해요."

-놀이 전문 컨설턴트 전 플레이잉글랜드 국장 팀 길-
〈출처: EBS [특집 다큐] 놀이의 기쁨 2부작 중에서~〉

정리해 보면 놀이 활동이 영·유아 발달에 미치는 영향에 대한 연구는 많이 행해졌고 긍정적인 영향을 미친다는 연구는 수없이 많았다. 몇 십 년에 걸친 수많은 연구를 통하여 영·유아기로부터 청소년까지의 놀이 활동이 건전한 발달에 중요한 역할을 담당한다는 것을 알 수 있다. 따라서 놀이가 아이에게 가지는 효과성에 대해 알아보기로 한다.

놀이의 힘! 잘~ 놀아야 똑똑한 아이가 된다

1. 신체운동능력의 발달 및 사회성

놀이를 통하여 영·유아는 여러 근육의 발달을 촉진시키고 생리적 기능을 왕성하게 하여 자신의 신체를 조절하는 능력을 터득하고 운동능력을 발달시키게 된다. 작은 모양의 조각을 구멍에 끼워 맞추는 놀이, 장난감을 끌고 다니는 놀이 등은 영·유아의 눈과 손의 **협응력**을 길러주며 기어오르기, 뛰기, 던지기, 매달리기, 기어가기 등의 **대근육 운동능력**과 물체의 조작, 잡기, 쥐기 등의 **소근육 운동능력**이 발달된다. 또한 몸을 즐겁게 움직이는 동안 혈액 순환이 좋아지면서 배설·수면 등의 생리기능 증진에도 크게 기여한

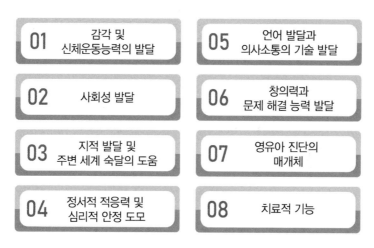

01	감각 및 신체운동능력의 발달	05	언어 발달과 의사소통의 기술 발달
02	사회성 발달	06	창의력과 문제 해결 능력 발달
03	지적 발달 및 주변 세계 숙달의 도움	07	영유아 진단의 매개체
04	정서적 적응력 및 심리적 안정 도모	08	치료적 기능

그림 31 놀이의 효과

다. 그러나 영·유아 스스로 조작하기 어려운 활동은 오히려 좌절감을 겪게 할 수 있으므로 적당한 수준의 도전 자극을 제공하는 것이 중요하다.

아이는 주위 사람들과 놀이를 하면서 점차 사회적 존재로 성장한다. 아기일 때는 주로 양육자와 놀이를 하면서 **사회적 상호작용**을 경험한다. 영아는 엄마와 함께 숨기 놀이, 잡기 놀이를 하면서 자연스럽게 도망가는 역할, 잡으러 가는 역할 등을 배우고, 함께 재미있게 놀기 위해 잠재적인 다양한 사회적 기술을 익히게 된다.

부모와의 상호작용뿐만 아니라 또래와의 관계에도 사회적 발달을 일으킨다. 피아제 이외의 많은 학자들은 또래와의 놀이 활동을 통해서 아이는 자기중심적 특성에서 탈 중심화(decentration)되어 간다고 했다. 아이는 친구들과 어울려 놀면서 인간관계를 형성하며 자신에 대한 인식과 타인에 대한 역할 이해 등을 배우고 협동하며 질서를 유지하고 규칙을 잘 지키게 된다. 예를 들어 질서 지키기, 나누기, 협력하기, 놀잇감 공유하기 등의 인성이나 친사회적 행동 등을 거부감 없이 자연스럽게 체화할 수 있는 기회가 놀이장면이다.

또한 아이 스스로 선택한 놀이 활동에 참여함으로써 자신을 인정하고 받아들일 줄 아는 **자기수용의 경험**을 통해 점차 타인을 수용할 수 있도록 성장하게 된다. 피아제는 유아가 '공'을 단지 글자로 쓸 수 있다고 해서 '공'에 관한 지식이 있다고 간주하지 않았다. '공'을 가지고 감각과 신체활동을 통한 놀이를 반복함으로써 '공'에 관한 물리적이고 실증적인 경험을 했을 때 '공'에 관한 지식이 있는 것으로 간주하였다고 했다. 유아는 새로운 환경에 접하게 되면 호기심을 갖게 된다. 이 호기심은 기존에 자기가 경험한 사실과 새롭게 경험한 사실 사이에서 일어나는 인지 부조화이다. 이러한 인지 부조화는 유아의 인지적 능력을 풍부하게 발달시켜 나가는 원천적인 자료이다. 아이는 새로운 놀이상황에서 문제와 **부딪치게 되면 인지 부조화가 생성되는데 이것을 해결하기 위해 자신의 인지를 활용하여 새로운 환경에 적응해 나간다.**

예를 들어, 크레용으로 칠하다가 우연히 빨강색과 파랑색을 섞으면 보라색이 되는 것을 배우고, 놀이를 통해 학습에 중요한 집중력을 배우기도 한다. 또한 반복되는 놀이경험은 인지, 신체 그리고 사회 기술 등을 발달시킴으로써 주변 세계를 숙달하도록 돕는다. 아이들은 놀이를 통해서 **기쁨, 분노, 질투, 공포 등의 감정을 경험하며 이를 적절하게 표현하고 적대심과 공격성을 조절함으로** 정서적 적응력을 키워나간다. 놀이 활동 시 불안과 억제된 자신의 감정을 폭발시키고 안정을 되찾아 불쾌한 자신의 감정 등을 놀이를 통해 해소함으로 **정서 순화**에 도움을 주기도 한다. 실제 생활 속에서 충족시키지 못한 욕구와 소망이 놀이 속에서 충족되는 경우가 많다. 즉 놀이과정에서 자신의 감정을 얼마든지 드러낼 수 있고 그러한 모습을 부정적으로 평가받을까 염려하지 않아도 되므로, 건강하고 적합한 방법으로 자신의 감정을 표현·조절할 수 있는 경험의 기회를 얻는 것이다. 예를 들어, 심하게 야단을 맞은 아이가 나가서 친구들과 어울려 놀다가 돌아와서는 언제 그랬느냐는 듯이 행동하는 것은 바로 놀이를 통하여 불만을 해소하고 안정을 찾았기 때문이다. 다양한 놀이경험을 통해 나, 주변 사람들, 주위환경이나 사회에 대한 관심을 키우고 그 속에서 그 사람들이 느끼는 감정이나 정서를 배움으로써 건강한 정서발달의 기반이 될 수 있다는 점에서 영·유아기의 놀이는 매우 중요하다.

2. 놀이 활동은 언어 발달과 의사소통의 기초

아이가 말을 배우기 시작하면서 언어의 구조를 반복하는 말 연습놀이를 많이 한다. 동일한 문장구조에 다른 어휘를 넣어서 자기 나름대로 다양한 방식으로 변형하는 말놀이는 자연스럽게 언어발달을 자극한다. 예를 들어, 또래들과의 놀이과정에서 어떤 역할을 맡아 놀이를 할 때, 그 상황 및 역할에 맞는 말을 하기 위해 노력한다. 아직 언어 발달이 덜 된 아이들은 놀이를 통해 혼자 중얼거리거나 친구들과 대화하면서 의사소통의 기술을 직접 또는 간접적으로 배워 나가게 된다. 즉 무의미 음절을 계속 반복하거나 같은 문법적 범주 안에서 어휘를 체계적으로 대치하거나 농

놀이의 힘! 잘~ 놀아야 똑똑한 아이가 된다

담과 터무니없는 말을 사용하여 의미를 의도적으로 왜곡한다. 이러한 놀이경험은 의사소통 능력의 발달을 자연스럽게 촉진한다.

이렇듯 놀이는 아이들이 들었거나 새로 익힌 어휘나 표현을 마음껏 시도해 볼 수 있는 장이 된다. **놀이가 언어 발달의 수단이 되기도 하지만 동시에 언어는 놀이가 이루어지도록 하는 중요한 매체가 되는 것이다.** 또한 놀이를 통해 다양한 단어의 뜻과 개념을 학습하기도 한다. 이러한 놀이과정은 단순히 언어를 언어 그 자체로 익히는 것이 아니라 의사소통의 중요한 과정으로서 상호맥락적이고 실천적인 언어발달을 자극한다. 놀이하는 과정에서 다양한 어휘나 정확한 발음, 목소리 조절능력, 문장 구성력을 기르게될 뿐만 아니라 또래들과의 재미있는 놀이를 위해 타인의 말을 주의 깊게 듣고 이해하며 자신의 의견을 표현하고자 하는 욕구를 표출할 수 있게된다.

언어(language)란 생각이나 느낌을 나타내거나 전달하기 위하여 사용하는 음성·문자·몸짓 등의 수단 또는 사회 관습적 체계로 인간은 다른 동물들이 가지고 있지 않은 언어습득 능력을 가지고 태어난다. 우리는 언어를 통해서 정보를 교환하고, 자신의 생각, 욕구 및 감정을 표현한다. 뿐만 아니라 다른 사람들과의 의사소통을 가능하게 하고 이는 사회적 관계를 맺고 유지시켜 나갈 수 있도록 도와준다. 이처럼 언어는 우리 생활의 모든 부분에 직·간접적으로 관여하고 있으며 특히 아이기는 언어

발달이 빠른 속도로 이루어지는 시기이므로 부모와 교사는 다음에 제시된 시기별 언어발달의 특징을 제대로 이해하고 적절한 환경을 제공해 주어야 한다.

3. 놀이는 언어발달의 기초

언어발달은 분명하게 관찰할 수 있는 일정한 과정을 거친다. 언어발달은 운동, 인지, 사회성 등의 기능과도 밀접한 관련이 있으며 따라서 언어발달이 지연되면 전반적인 영역의 발달에도 영향을 준다. 특히 0~36개월의 시기는 언어적 폭발기(Bloom, 1993)로서 언어발달이 빠른 속도로 이루어지는 만큼 영아기는 언어발달에서 매우 중요한 시기이다. 영아기의 언어발달과정은 대부분 비슷하지만 영아마다 언어를 획득하는 시기에는 개인차를 보인다.

유아기는 '언어의 결정적 시기'로 언어발달이 활발하게 일어나는 시기이며 이 시기에 언어의 규칙체계에 대한 지식과 어휘 습득량이 증가한다. 유아들은 자신의 생활에서 중요한 부분인 말을 글보다 더 일찍 익히기 시작한다. 이는 말이 제스처, 소리 등의 여러 가지 방법들을 통해 자신의 생각과 느낌을 다른 사람에게 전달하는 의사소통에서 주로 사용

시기별 언어발달 과정

시기	언어 발달 과정
만 1세 이전	• 영아는 울음을 통해 자신의 배고픔, 아픔, 불편함을 표현하면서 언어발달의 첫 단계를 시작한다. • 말을 시작하기 전에 소리내기와 옹알이, 음성모방, 신체를 사용해서 의사를 전달하는 단계를 언어 이전시기라고 한다. • 4~6개월경 말소리에서 자신의 이름을 구별할 수 있다. • 6개월 정도가 되면 자신의 소리 및 행동이 다른 사람의 행동이나 환경에 영향을 미칠 수 있다는 사실을 알게 되고 의사소통을 시도하게 된다.
만 1세	• 영아는 10~12개월에 처음으로 단어를 말하게 된다. 이때 영아는 조금씩 자신의 의도나 목적을 표현하기 위한 시도를 하게 되며 자신의 주변을 통제하기 위해 자신의 언어능력을 사용하게 된다. • 대략 50개 정도의 단어를 이해할 수 있다. • 가족, 신체, 장난감, 동물, 즐겨하는 놀이나 행동과 관련된 단어를 이해한다. • 발달이 빠른 영아들은 두 낱말로 이루어진 어구를 사용하기도 한다. 이 시기에 영아는 잘못된 발음을 교정해주면 그대로 따라할 수 있고, 목소리의 크기도 상황에 따라 조절할 수 있게 된다.
만 2세	• 2세를 전후한 시기는 급격하게 언어가 증가하는'언어의 폭발적 팽창기'이다. • 영아는 이 시기에 모든 단어의 약 25%를 명료하게 발음하게 되고 서투르지만 문법과 규칙에 맞는 문장을 사용하기 시작한다. • 18~24개월 사이에는 두 단어 시기가 시작되는데, 2~4개의 단어로 문장을 만들 수 있게 되며 사물의 이름을 말하고 행동을 묘사하고 부정의 표현을 사용하게 된다. • 이 시기의 영아들은 자기중심적인 언어사용 양상을 보이기 때문에 타인에게 공감하는 능력은 발달되지 않는다. • 단어 습득량을 살펴보면, 영아는 18개월이 지나면서 1주일에 10개 이상의 단어를 배우게 되고, 2세 전후에는 300개 이상의 단어를 이해하고 그 가운데 약 50개 정도의 단어들을 적절하게 사용할 수 있게 된다.

그림 32 언어발달 과정

되기 때문이다. 유아의 언어발달은 사회성 발달과도 밀접한 관계를 맺고 있다. 유아들은 자기중심적 언어사용에서 벗어나 사회화된 언어를 사용하기 시작한다. 이 시기에 또래들과의 접촉이 적은 유아는 그렇지 않은 유아에 비해서 자기중심적인 언어들을 많이 사용한다. 따라서 또래집단과 자주 어울리며 또래와 대화를 나눌 기회를 충분히 갖도록 해주어야 한다.

언어는 연령마다 비슷한 발달단계와 특성들을 보이고 있지만 항상 똑같은 순서로만 나타나지는 않는다. 모든 유아의 언어발달이 동일한 것은 아니지만 일반적인 연령별 언어발달의 특징은 다음 표와 같다.

시기별 언어발달 과정

시기	언어 발달 과정
3~4세	• 3~4개의 단어로 문장을 구성할 수 있다. • 명령문과 과거시제를 사용할 수 있다. • 어순에 맞게 문장을 이해할 수 있다. • 문법 구조, 단어 배열순서 등을 활용하여 문장을 이해할 수 있다.
4~5세	• 4~5개의 단어로 이루어진 문장을 사용할 수 있다. • 접속사, 조사를 사용할 수 있다. • 구나 절이 포함된 복잡한 문장을 이해할 수 있다. • 대화를 하면서 상대방의 입장을 생각할 수 있게 된다.
5~6세	• 의문문, 부정문 등 복합문장을 사용하여 이야기를 구성, 의사소통 능력이 발달된다. • 발음체계가 완성되고 풍부한 어휘를 사용한다. • 언어를 이용한 다양한 놀이들을 즐긴다. • 친구들에게 동화를 들려주며 읽는 것을 좋아한다. • 읽기와 쓰기 학습이 가능해서 문장을 정확하게 반복할 수 있다.

II.
놀이 활동은 창의력과 문제해결 능력의 근원이다

아이들은 호기심이 많다. 이러한 호기심은 놀이를 통해 자연스럽게 표출할 수 있는 통로가 된다. 여러 가지 장난감을 가지고 노는 동안 스스로 많은 것을 터득하게 되며 이것은 곧 일상과 연결된다. 또한 놀이는 정해진 틀 속에서 나름대로 변화의 묘미를 발휘할 수 있다. 규칙과 방법이 상황에 따라 달라지는 가운데 더 나은 놀이를 개발하게 되고, 아이의 창의성 역시 발전하게 되는 것이다. 역할 놀이는 유아들로 하여금 감정을 표현하도록 할 뿐 아니라, 창의적인 경험을 할 수 있도록 유도한다.

블록, 노래하기, 춤추기, 미술놀이 활동 등은 표현력과 창의력의 배출구가 된다. 쌓기, 물, 모래 놀이 등도 창의력을 증진시키는 놀이 활동들이다. 놀이는 무엇보다도 상상력 증진에 크게 기여하는데 돌멩이를 떡으로, 막대기를 칼로 바꾸는 등 자유로운 상상과 추상적으로 사고하는 능력을 키울 수 있다.

또한 자연스럽게 형태지각, 수, 분류, 서열화, 공간, 시간, 보존개념을 익히게 됨으로써 '수학적 사고력'을 키운다. 자발적 호기심에 기반을 두어 탐색하는 과정에서 과학적 지식과 탐구 자세를 기르게 된다. 나아가 놀이는 고정된 문제해결이 아닌 다양한 문제해결을 얼마든지 가능하게 하므로 창의성의 가장 기반이 되는 발산적 사고력(divergent thinking)도 키우게 된다. 발산적 사고력은 창의성 연구의 선구자로 평가되는 미국 심리학자 길포드(Guilford, J. P.)가 제안한 사고 유형 중 하나로서, 문제를 해결하는 과정에서 정보에 대한 광범위한 탐색을 통해 다양한 답을 가능한 많이 산출하는 사고를 말한다. 기존의 지식들 중에서 가장 확실한 해결책을 찾아내는 방식인 수렴적 사고(convergent thinking)와 달리, 확산적 사고는 문제를 창의적으로 해결하기 위해 사전에 정해져 있지 않은 새로운 해결책을 다양하게 모색하는 사고이다. 기존의 정보나 생각에서 벗어나 새로운 탐색을 하고 상상력을 발휘해 의미 있는 연결을 만들어낸다.

1. 놀이는 치료적 기능과 진단의 매개체

아이들의 놀이 행동에는 인지, 사회, 언어, 신체 등의 발달 정도가 표출되므로 **놀이 행동은 아이의 발달단계를 측정할 수 있는 준거가 된다.** 아이의 정서적 문제 행동도 놀이 행동에 표출되므로 정서적 상황은 아이의 놀이를 통해서 진단될 수 있다. 이와 같이 놀이는 신체, 사회성, 인지, 언어, 정서 및 창의성 발달과 같은 거의 모든 발달 영역과 관련하여 중요한 역할을 하고 있다.

놀이는 자연스럽게 유대관계를 맺을 수 있어 치료적 접근에 효과가 있다. 놀이는 단순히 시간을 허비하는 것이 아니라 자아를 스스로 실현하면서 새롭게 경험하는 세계를 알아가게 하는 것이기 때문에, 놀이 과정을 통해 자기표현이 자연스럽게 이루어지므로 문제 이해에 도움이 되는 결정적 통로가 될 수 있다. 또한 손상된 자아존중감을 회복시켜 주고 자신을 존중하는 마음을 키울 수 있다. 심리치료에서는 개인이 경험한 외상적 사건이나 관련된 감정을 해소시키는 정화가 중요한데, 영·유아는 놀이 속에서 **불안·분노·질투·슬픔 등의 감정을 무의식적으로 표출하고 이를 통해 부정적인 감정을 완화하게 된다.** 특히 자신의 한계·편견 등을 극복하는 데 도움이 되며, 갈등을 해소하고 스스로 해결책을 찾는 통찰력을 키울 수 있다. 은유적 표현을 하는 놀이를 통해 이러한 능력이 강화되고 현

놀이의 힘! 잘~ 놀아야 똑똑한 아이가 된다

실 적응력이 높아지게 되면서 아이는 놀이를 통해 똑똑한 아이로 발전하
게 되는 것이다.

2. 발달 영역에서의 특징

신체적 변화와 운동, 지각, 지적 능력, 언어, 타인과의 관계성, 두뇌 발달
등 출생 후 인간이 가장 두드러진 변화를 경험하는 시기이다. 나아가 아
이기의 발달 결과는 이후 아이기나 성인기에도 영향을 미치기 때문에 인
간의 일생에 걸쳐 발달학적으로 중요한 시기라고 할 수 있다. 이 때문에
아이의 성장, 변화와 같은 발달의 전반적인 측면을 살펴보는 것이 꼭 필
요하다. '발달'의 사전적 의미는 신체, 정서, 지능이 성장하거나 성숙함을
의미한다. 이는 긍정적인 면에서 발달의 의미라고 볼 수 있는데, 사실상

'발달'은 생각보다 더 포괄적인 의미를 가지고 있다. 즉 넓은 의미에서의 발달은 시간의 흐름에 따른 변화이며, 인간이 태어나면서부터 노년에 이르기까지 일어나는 모든 변화의 연속적인 과정을 뜻한다고 할 수 있다.

예를 들어, 영아가 언어를 사용하지 못하다가 언어를 사용하는 단계로 진입 하는 것, 2세까지는 기우뚱거리며 걷던 영아가 3세가 되면서 선을 따라 똑바로 걷거나 달릴 수 있는 것뿐만 아니라 언어를 사용하다가 질병이나 사고로 언어를 사용하지 못하게 되는 것, 연령이 증가함에 따라 기억력은 감소하는 것 역시 발달이라고 볼 수 있다. 정리하면, 인간 발달이란 인간의 연령 증가에 따른 신체적·심리적 특성과 기능의 변화를 의미한다. 따라서 발달은 성장과 같은 긍정적 측면의 변화뿐만 아니라 기능의 감퇴나 손실과 같은 부정적 측면의 변화를 모두 포함한다.

각각의 아이는 개별적이고 독특한 특성을 가진 존재이다. 하지만

그림 33 발달의 단계

모든 아이의 성장과 발달에 적용되는 기본적인 패턴, 즉 일반적인 원리도 찾아볼 수 있다. 이 일반적 원리는 대부분의 아이들이 어떻게 발달할 것인지 예측하는 데 도움이 된다. 주요 발달 원리는 다음과 같다.

영아가 스스로 앉을 수 있어야 그 후에 기거나 설 수 있고, 그 후에야 비로소 걸을 수 있게 된다. 또한 유아가 글자와 형태, 소리를 먼저 알아야 단어와 그 뜻을 이해할 수 있게 되고, 이러한 능력이 합쳐져야 그제야 책을 읽고 내용을 이해할 수 있을 것이다. 즉, 발달은 그 이전에 획득한 행동 변화가 있어야 새로운 행동, 능력이 생기며 하나하나 쌓여 누적이 되어야 다음 단계로 나아가는 것이다.

3. 발달의 방향성과 영속성

신체 및 운동발달은 일정한 방향으로 발달하는데, 여기에는 두 가지 방향 유형이 있다. 첫 번째는 '두미방향'이다. 이는 영아가 머리 부분을 움직이는 능력을 먼저 획득한 후, 점차 팔, 다리 부분을 움직이는 능력을 발달시키는 것을 말한다. 두 번째는 '근원방향'으로 몸의 중심인 척수부분부터 발달이 이뤄지고, 팔, 다리가 발달한 후 손과 손가락, 발과 발가락이 후에 발달한다는 것이다.

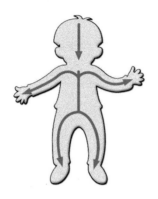

그림 34 영아의 발달 방향

결정적 시기는 인간이 가장 최적의 발달을 이룰 수 있는 시기를 말한다. 발달이 이루어지는 시기에 정상적인 발달이 이루어지지 못하면, 장기적이고 심각한 문제를 낳을 수도 있다. 그러나 인간의 결정적 시기의 한계는 쉽게 변하기도 하며, 환경 조건을 인위적으로 조작하면, 결정적 시기를 확대시킬 수도 있다.

4. 발달의 개인차

발달은 누구나 보편적으로 이루어지는 일정한 순서가 있고, 사람마다 가지고 있는 유전인자와 처해 있는 환경이 다르기 때문에 그 속도나 정도에는 개인차가 있기 마련이다. 예를 들어 어떤 영아는 생후 10개월에 걷는 반면, 어떤 영아는 18개월에 걸을 수도 있기 때문이다. 이러한 발달 속도의 개인차는 연령과 발달단계를 엄격히 적용해 아이의 발달수준을 평가하는 데 있어 매우 신중을 기해야 한다.

신체, 언어, 인지, 정서, 사회성 발달은 서로 밀접하게 영향을 주고받으며 발달하고 있으며 이는 유전뿐만 아니라 주변 환경의 영향을 함께 받고 있다. 신체가 건강한 유아가 그렇지 못한 유아보다 활발한 탐색 활동이 가능하고, 주변 정보를 얻으면서 인지 능력도 발달하게 된다. 정서 발달이 빠른 유아는 다른 사람과의 관계와 관련된 사회성도 발달되고 언어적인 발달 수준도 함께 발달하게 된다. 아이기에 일어나는 발달 변화를 잘 이해하기 위해서는 다음과 같은 특성을 고려해야 한다.

영아기의 경우, 눈에 띄는 신체적 변화가 일어날 뿐만 아니라 새로운 기술을 습득하고 습득한 기술을 사용하면서 신체를 조절하고 통제할 수 있는 능력을 기르게 된다. 유아기의 경우, 영아기 때 습득한 기초적인 능력들을 보다 더 정교하게 향상시키고, 유아가 자율성과 주도성을 가지고 더 넓어진 사회관계에서 또래, 교사 등과 다양한 관계를 새롭게 경험하게 된다.

아이 개개인은 이미 출생 전부터 고유의 특성이 만들어지며, 이는 출생 후에도 지속적으로 나타난다. 이러한 고유 특성은 특정 환경과 상호작용을 하면서 개개인의 발달차이가 심화된다. 예를 들어 어떤 영아는 열악한 환경에 보다 취약한 성향을 가지고 태어나는 반면, 어떤 영아는 열악한 환경에서도 보다 잘 극복하는 성향을 가지도 태어난다. 이처럼 성향은 출생 후 적응력에서 개인차를 만들어내는 것을 알 수 있다.

인간발달에 있어서 초기 경험을 중요시하는 연구자들은 아이기 경험이 적합한 또는 부적합함이 발달경로를 만들어내는데 큰 역할을 한다고 생각한다. 따라서 적절한 발달 경로로 아이를 이끌고 싶다면, 가능한 이른 시기에 적합한 경험의 경로를 잡아주는 노력이 효과적이다.

아이 발달에는 여러 요인, 특성들이 관련되어 동시에 작용을 한다. 그렇기 때문에 아이의 환경이 좋다, 나쁘다 단정하기 어렵고, 아이 자체도 환경에 취약하다, 아니다와 같은 이분법적 사고로 평가하기는 어렵다. 예를 들어, 아이의 가정환경이 한부모 가정이라고 할 때, 노숙자인 10대 미혼모부터 교육수준이 높은 30대 미망인으로 된 가정환경까지 매우 다양한 형태의 한부모 가정이 존재하므로, 같은 한부모 가정이라는 특성을 가져도 그것이 아이발달에 미치는 영향은 매우 다를 수 있다.

한마디로 영아는 성인의 보살핌을 필요로 하며, 양육자가 없다면 영아는 생존하기가 어렵다. 따라서 아이발달을 제대로 이해하기 위해서는 아이뿐만 아니라 아이와 양육자의 관계를 포함한 가정, 아이교육기관과 같은 맥락에서 관심과 협조, 공유가 필요하다.

Ⅲ.
놀이 활동은 신체적 성장을 촉진시킨다

영아의 신체적인 성장과 변화는 매우 빠르게 이루어진다. 체중은 1세 때 3배, 2세 때 약 4배로 증가하고, 신장은 2세가 되면서 평균 성인 신장의 1/2정도로 성장한다. 신체적인 성장이 가장 급속하게 이루어지는 영아기를 첫 번째 성장 급등기라고 하며 신장과 체중, 근육, 골격 등 신체 영역에 빠른 성장을 보인다. 유아기는 영아기가 끝나는 시기부터 초등학교 입학 전 시기에 해당된다. 유아기는 영아기보다 완만한 속도로 신체 성장이 이루어지고 어느 정도 예측 가능한 상태로 발달한다. 신체와 체중이 증가하고 근육, 골격이 성장하고, 신장에 비해 머리둘레의 비율이 줄어든다. 이러한 신체 발달에 따라 운동 능력도 달라지며, 대소근육 운동 능력이 발달하면서 혼자 할 수 있는 일들도 많아지게 된다.

➕ **신체 발달**
- ▶ 출생 후 매년 5~7cm정도 성장하여 5세 무렵에는 출생의 2배 정도로 성장
- ▶ 일반적으로 남아가 여아보다 신장이 큰 편이며, 초기는 유전과 관련이 많음
- ▶ 체중은 남아가 여아보다 다소 무거운 편이고 매년 2~3kg씩 증가
- ▶ 머리 크기는 출생 시 1/2, 영아기 1/4로 점차 비율이 줄어들어 6세에는 1/6 크기
- ▶ 뼈의 길이, 넓이, 구성 등이 계속 변화하며 성장점이 연골로 바뀌어 뼈 성장 완성
- ▶ 성인에 비해 골격 조직이 부드럽고 유연하여 충격에 대한 손상도 적고 회복도 빠른 편이나, 호기심이 많은 유아들에게 안전사고가 빈번하게 발생함
- ▶ 2세경이 되면 20개의 유치가 모두 형성되며, 4~5세에는 유치가 앞니부터 빠지면서 영구치로 대체됨

1. 대근육 운동 발달과 놀이 활동

대근육 운동은 팔이나 다리 등의 큰 근육을 이용한 활동으로 팔 움직이기, 걷기 등을 말한다. 영아기에 스스로 돌아다닐 수 있는 대근육 운동기

그림 35 영아기 대근육 운동 발달

능의 발달은 매우 중요하다고 할 수 있다. 운동발달에도 일정한 방향이 있으며, 이는 앞서 발달의 원리에 나온 '두미방향'과 동일하다. 머리, 목, 어깨, 팔, 손에서 허리, 다리, 발의 방향으로 일정하게 이루어진다. 그렇기 때문에 신생아는 스스로 몸을 가눌 수 없지만 영아는 몇 주 만에 머리를 세워 지탱하고 머리를 들어올리기도 하고, 그 후에는 스스로 앉고 일어날 수도 있는 것이다.

유아기에는 영아기에 발달된 단순한 신체 동작을 기초로 더 복잡하고 다양한 운동 능력을 발달시킨다. 유아기의 신체 특성상 상체가 가벼워지고 무게 중심이 몸통 아래쪽으로 이동하면서 균형 감각이 발달하기 때문에 보다 더 복잡한 운동이 가능한 것이다. 유아기의 대근육운동 능력은 단순히 운동 능력 발달뿐만 아니라 이후 아이기에서의 또래관계 형성 및 사회성 발달의 중요한 밑바탕이 되기 때문에 대근육 놀이 활동이 중요하다는 것을 알 수 있다. 아래 표를 통해 유아기 대근육운동 발달 특성을 확인할 수 있다.

영아기 대근육 운동 발달 특성

월령	특성
영아기 초기	
0~3개월	• 바로 누운 자세에서 엎드린 자세로 구부린다. • 줄 달린 고리를 보여주면 고리를 따라 머리를 위아래로 움직인다. • 엎드린 자세에서 머리를 들고 고개를 돌린다. • 다리를 번갈아가면서 차거나 동시에 활기차게 친다. • 안겼을 때 머리를 똑바로 든다.
4~6개월	• 엎드린 자세에서 20초 이상 머리를 든다. • 최소 5분 정도 베개나 이불 등에 기대어 앉는다. • 서도록 도와주었을 때 발바닥의 대부분을 바닥에 댄다.
7~9개월	• 손으로 짚지 않고 10분 이상 똑바로 앉는다. • 엎드린 자세에서 앞, 뒤로 긴다. • 가구나 다른 지지대를 잡고 선다. • 15cm 정도 높이의 계단 또는 낮은 탁자를 기어오른다.
10~12개월	• 가구를 잡고 돌아다닌다. • 양육자의 도움으로 몇 걸음 걷는다. • 혼자 선다. • 좌우 60cm 떨어져 있는 물건을 잡기 위해 몸을 자유롭게 돌린다.

	영아기 중기
13~18개월	• 거의 넘어지지 않고 스스로 균형 있게 서서 몇 발자국 앞으로 간다. • 도움 없이 편평한 바닥에서 똑바로 무릎을 꿇는다. • 도움을 받아 계단을 오르내린다. • 침대에서 기어 내려온다. • 달리기 시작한다.
19~24개월	• 자기가 원하는 것을 얻기 위해 의자나 물체 위에 기어오른다. • 두 발을 모아 앞으로 뛴다. • 계단과 같은 낮은 곳에서 뛰어내린다. • 공을 찬다. • 까치발로 선다. • 한 손을 잡아주면 한 발로 선다.
	영아기 후기
25~30개월	• 일직선으로 걷는다. • 계단에서 양육자의 도움으로 한 발씩 바꾸며 오르내린다. • 넘어지지 않고 5~6걸음 뒤로 걷는다. • 넘어지지 않고 뒤로 점프한다. • 1~5초 동안 한 발로 선다. • 공을 굴리고, 차고, 던지면서 초기 공놀이를 한다.
31~36개월	• 높이 10cm 문지방 정도의 장애물을 뛰어넘는다. • 발끝으로 걷는다. • 도움 없이 계단을 오르내린다. • 손을 머리 위까지 들어 공을 던진다. • 사다리, 정글짐을 기어오른다.

유아기 대근육 운동 기술 발달 특성

월령	특성	
3~4세	• 아래쪽을 쳐다보면서 공 던지기 • 큰 공 한 손으로 잡기 • 마루에서 뛰기 • 발을 맞대어 걷기	• 깡총 뛰기 • 한 발로 서기 • 양발로 3번 정도 뛰기 • 구르는 공 잡기
4~5세	• 방향대로 공을 튕기고 잡기 • 장난감 유모차 밀고 당기기 • 5kg 정도의 물건 옮기기	• 뛰다가 멈추기 • 원하는 방향으로 공 차기 • 한 발로 4번 정도 구르기
5~6세	• 구르는 공 차기 • 인라인, 롤러스케이트 타기 • 목적지에 공 굴리기	• 7kg 정도의 물건 옮기기 • 줄넘기 하기 • 보조 바퀴 달린 두발자전거 타기

대근육 운동 발달

자연재료 탐색놀이 – 내 몸은 나무

유아기에 접어들면서 주변의 사물, 자연 환경에 대한 관심이 높아집니다. 신체 성장으로 이전에는 관찰하지 못했던 자연현상, 나보다 키가 큰 나무, 하늘을 날아다니는 동물, 크기가 작은 곤충들도 유아들에게는 흥미로운 관찰 대상입니다. 주변의 동식물을 관찰한 경험을 다양하게 표현해보는 것은 유아기의 신

놀이의 힘! 잘~ 놀아야 똑똑한 아이가 된다

체 및 운동, 인지 발달에 많은 도움이 됩니다. [내 몸은 나무] 활동을 통해 유아들은 나무를 관찰한 경험을 신체, 언어로 표현합니다. 쭉쭉 뻗은 나뭇가지, 바람에 흔들리는 나뭇잎, 키가 작은 나무와 큰 나무 등 다양한 생각들을 신체와 언어로 표현할 수 있습니다. 나무처럼 신체를 쭉쭉 뻗어보고, 큰 나뭇가지를 향해 높이 뛰어보고, 다양한 움직임을 표현해보는 것은 우리 몸의 큰 근육을 조절하며 움직여보는데 큰 도움이 됩니다. 연령이 낮은 유아들은 높은 곳까지 높이 뛰고, 손을 쭉 뻗어보는 활동으로, 연령이 높은 유아들은 나무의 모습을 관찰하고 다양하게 표현해보는 것이 좋습니다. 양손을 뻗히고, 한 발을 들어보기도 하고, 움직이는 모습을 다양하게 표현하면서 신체 여러 부분을 조절하고 균형을 잡아보는 신체놀이로 진행하는 것도 좋습니다. 또한 다양한 재료를 구기고 큰 종이에 붓으로 색칠하는 등 우리 몸의 대근육을 사용하는 활동들은 넓은 공간에서 또래에게 방해받지 않고 자유롭게 움직일 수 있도록 돕습니다.

미적요소 탐구놀이 – 입체놀이

유아기의 신체 활동은 즐거운 놀이, 규칙 있는 게임과 같은 형태로 제시하면 즐겁게 놀이하며 신체 발달을 도모할 수 있습니다. 유아기에 들어서며 유아들은 영아보다 인지 발달이 이루어지고, 또래에 대한 관심도 높아지며, 규칙에 대한 이해도 어느 정도 가능하게 됩니다. 따라서 또래와 함께하는 것에 즐거움을 느끼고 규칙을 이해하며 게임과 같은 형태에 참여하는 것에 어려움이 없습니다. [입체놀이]는 다양한 입체도형을 탐색하면서 특징을 알아보는 놀이입니다. 연령이 높아지면서 크기가 큰 도형이나 블록보다는 크기가 작은 것에 더 많은 시간을 할애하던 유아들에게 큰 상자는 무척 흥미로운 것입니다. 상자를 포개어 모양을 만들고, 크기를 비교하고 도형의 특징을 이해하는 것에서부터 높이 쌓아보는 경험은 유아의 대근육을 다양하게 움직여보도록 하는 경험을 제공합니다. 쓰러지지 않게 상자를 쌓기 위한 방법을 이해하고, 또래의 도움을 받아야 하며, 한 층 한 층 높이 올리기 위해 팔을 높이 뻗고, 까치발을 드는 등 대근육을 조절하고 다양하게 움직이도록 합니다.

일상에서 생각하기 - 신체 줌 인

유아 후기가 되면 보다 능숙하고 균형 잡힌 자세로 놀이를 할 수 있습니다. 한 발을 들고 잠시 균형을 잡고 서 있을 수도 있고, 멀리 뛰거나 높이 뛰는 등 점프하는 동작도 가능하며, 장애물을 피하는 등 힘의 방향과 세기, 양발의 균형적인 움직임도 가능해집니다. [신체 줌 인]은 내 몸을 자유롭게 움직여보고, 움직임이 가능한 신체 여러 부위에 대해 알아봅니다. 대근육을 움직일 수 있는 신체 부위, 머리, 팔, 다리 등을 움직이면서 나와 또래의 움직임이 다름을 이해하게 됩니다. 나만의 자신 있는 동작을 표현하고, 그 동작에 맞도록 종이를 이용하여 크기, 움직임의 방향에 맞는 종이 인형을 만들어갑니다. 연령이 낮은 유아들을 위해 보다 다양한 움직임을 표현해보는 사전 활동이 필요합니다. 유아들이 경험한 상황들을 상상해보고 몸으로 표현해보면서 다양한 움직임을 표현하도록 격려합니다.

2. 소근육 운동 발달과 놀이 활동

소근육 운동은 손가락 등을 이용하여 미세하게 조정할 수 있는 움직임으로, 영아가 숟가락을 쥐거나 단추를 채우는 등의 동작을 하는 것을 말한다. 출생 직후 신생아는 소근육을 전혀 조절하여 사용하지 못하지만 눈과 손의 활동을 함께 조절하는 능력이 생기면서 점차적으로 발달하게 된다. 영아기의 소근육 운동기술 발달의 예 역시 다음 표를 통해 구체적으로 확인할 수 있다.

유아기 역시 팔과 손, 손가락, 손과 눈의 활동이 함께 이루어지면서부터 발달이 시작되는데, 유아기 후반부터는 블록 쌓기, 퍼즐 맞추기, 그림 그리기와 같은 정교한 작업이 가능해진다. 특히 자신의 신변을 돌볼 수 있는 자조기술이 발달하게 되는데, 단추를 끼우거나 컵에 물을 따라 흘리지 않고 마시기, 옷을 벗고 입기 등과 같은 활동들을 누군가의 도움

그림 36 영아기 소근육운동 발달

이 없이도 혼자 스스로 할 수 있게 된다. 자조기술이 발달하면 유아 스스로가 자신의 신체 활동을 통제할 수 있게 되고, 이에 따라 심리적 만족감을 얻게 된다. 이러한 정신적인 만족감을 종이에 그림으로 그리는 등 표현을 하게 되므로, 소근육운동 기술 능력 발달은 인지 발달과도 연관이 있다는 것을 알 수 있다. 구체적인 소근육운동 기술 발달의 예를 표를 통해 알 수 있다.

영아기 소근육운동 발달 특성

월령	특성
영아기 초기	
0~3개월	• 두 눈을 같은 방향으로 함께 움직인다. • '잼잼잼'같은 놀이를 할 때, 손을 움켜쥐기보다 손을 완전히 펴거나 느슨하게 편다. • 딸랑이와 고리를 쥐고 흔든다.
4~6개월	• 손에 놓인 물건을 의도적으로 잡는다. • 엎드린 자세에서 가까이에 있는 장난감을 향해 손을 뻗어 잡는다. • 엄지와 다른 손가락을 이용해 물체를 잡는다.
7~9개월	• 작은 물체들에 흥미를 느껴 입으로 가져간다. • 손뼉을 친다. • 원하는 장난감을 1분 이상 쥔다.

10~12개월	• 각각의 손가락을 독립적으로 사용한다. • 장난감을 떨어뜨리지 않고 의도적으로 내려놓는다. • 손과 도구를 활용해 작은 물건을 집어 올린다. • 양육자의 도움으로 책장을 넘긴다.
영아기 중기	
13~18개월	• 끈으로 장난감 차를 끌어당긴다. • 한 손에 2개의 작은 물건을 집어 올려 쥔다. • 혼자서 블록 3~4개를 쌓을 수 있다. • 1cm 정도의 구멍에 실을 끼울 수 있다.
19~24개월	• 종이를 어설프게 접는다. • 혼자서 전원 스위치를 끄고 켜는 등 버튼을 누른다. • 수직선이나 수평선을 그리는 것을 보여주면 따라 그린다.
영아기 후기	
25~30개월	• 다른 사람이 종이에 원을 그리면 따라 그린다. • 4조각 정도의 퍼즐을 맞춘다. • 찰흙을 주면 굴리고, 치고, 비틀거나 떼어낸다. • 종이를 가로, 세로로 접는 것을 보여주면 그대로 따라한다.
31~36개월	• 안전가위를 사용해 종이를 자를 수 있다. • 성인처럼 엄지와 다른 손가락 사이로 연필, 크레용, 펜을 잡는다. • 혼자서 블록을 10개 정도 쌓고, 다리 모양을 보여주면 따라 만든다. • 혼자서 큰 단추를 푼다.

소근육운동 기술 발달 특성

연령	특성	
3~4세	• 간단한 그림 그리기 • 풀칠하기 • 인형 옷 입히기	• 선과 도형을 조합하여 그림 그리기 • 종이를 자르기 • 흘리지 않고 컵에 물 따르기
4~5세	• 신발 끈 묶기 • 구슬 엮기 • 높은 탑 만들기 • 이름 쓰기	• 선 따라 자르기 • 옷핀 잠그기 • 여러 모양의 그릇에서 물 따르기
5~6세	• 종이 접기 • 종이 안의 모양 도려내기 • 점토 만들기	• 다양한 도형 그리기 • 크레파스를 제대로 사용하기 • 글자 보고 따라 적기

영아의 소근육 운동 발달

생활재료 탐색놀이 – 부버놀이

이전보다 소근육의 사용이 자유로우나, 정교화되기 전까지는 오랜 시간 반복과 연습이 필요합니다. 월령과 경험의 차이에 따라 소근육 발달은 많은 차이를 보이므로, 활동에 참여하는 유아들의 월령과 개인차를 잘 고려하여 활동을 준비하는 것이 중요합니다. [부버놀이]는 유아들이 좋아하는 놀이 중 하나입니다.

유아들의 의도대로 모양이 만들어지고, 또 새로운 것을 만들어낼 수 있는 창의적인 재료 중 하나입니다. 영아들은 같은 재료를 이용해서 손으로 만지고 뭉치고 주무르고 간단한 모양틀로 찍어내는 놀이로 진행했다면, 유아들은 좀 더 다양하게 활용될 수 있습니다. 소근육 사용이 자유로워지면서 안전한 도구들을 활용할 수도 있고, 유아들이 원하는 다양한 모양, 사물을 구성해볼 수 있습니다. 부버놀이를 통하여 손의 힘을 조절하고 눈과 손의 협응력을 기르고, 도구를 사용하는 방법들을 습득하게 됩니다. 연령이 낮은 유아들은 유아들의 경험하는 일상, 놀이에서의 자료들을 만들어 역할 놀이로 연계하는 것으로, 연령이 높은 유아들은 상상의 대상물, 또는 다른 유아들과 협력하여 공동의 구성물을 만들어보는 것도 좋습니다.

조형감각 탐구놀이 – 비즈 롤러코스터

소근육 발달에 가장 중요한 부분은 바로 눈과 손의 협응력 발달입니다. 눈과 손의 협응력이란 시각과 지각이 함께 발달해야 소근육을 자유롭게 활용할 수 있으며, 이러한 운동 능력을 위해 옷의 지퍼를 스스로 올리거나 단추를 끼우기, 실 꿰기 놀이 등으로 소근육 사용을 연습할 수 있습니다. [비즈 롤러코스터]는 작은 구멍이 있는 비즈를 끈에 연결하는 소근육 발달에 좋은 활동입니다. 연령에 따라 구멍의 크기, 끈이나 철사 등의 굵기가 다르게 제공되어야 하며, 오랜 시간 집중하여 눈과 손의 협응력을 기르기 위해서는 어느 정도 인지 능력도 필요합니다. 따라서 연령이 낮은 유아들에게는 교사의 도움이 많이 필요할 수도 있기 때문에 유아 중기의 유아들에게 적절한 활동입니다. 끈, 철사에 구슬을 끼우는 것에서 그치지 않고, 유아들은 자신이 만든 비즈 롤러코스터를 여러 방향으로 손으로 움직여보면서 소근육 운동을 경험하게 됩니다.

일상으로 생각하기 – 페이퍼 플레이

영아 후기에는 영아들이 종이를 접는 모습들을 자주 발견하게 됩니다. 그림을 그린 종이, 신문지, 색종이 등을 자유롭게 접어 작게 만드는 것을 반복하며 즐거움을 느낍니다. 그러나 영아들이 접는 종이는 유아들이 접는 방법과는 많은 차이가 있으며, 유아 중기를 지나면서 유아들은 종이를 정확하게 반으로 접는 방법에 익숙하게 됩니다. [페이퍼 플레이]는 다양한 방법으로 종이를 접고 가위질하며 나타나는 모습을 탐색하는 활동입니다. 종이접기 활동은 한 손이 아닌 양손을 활용해야 하고, 조작 능력, 공간 능력도 함께 발달해야 합니다. 유아기부터 반복하여 연습한 종이접기는 유아 후기에 간단한 순서도를 보고 똑같이 접을 수 있게 되고, 다양한 재료들을 활용하여 근사한 종이접기 작품도 만들 수 있습니다. 종이접기와 함께 가위를 사용하는 것도 한 손으로 종이를, 한 손으로는 가위를 잡고 조작하는 능력이 필요하므로 보다 복잡한 과제이나, 유아기에는 간단한 모양을 따라 가위로 오릴 수 있고, 후반부로 갈수록 복잡한 모양도 가위질하는데 어려움을 느끼지 않습니다.

Ⅳ.
정서와 기분을 오해하지 말자

정서(emotion)는 어떤 일을 경험하거나 생각할 때 나타나는 복잡한 심리상태를 말한다. 정서는 다양한 단어들과 혼용되기도 하는데 정서는 생리적, 표현적, 인지적 요소를 포함하기 때문에 우리가 흔히 사용하는 감정보다 더 포괄적인 개념이라고 할 수 있다. 또한 '기분'과도 비슷한 의미로 사용이 되기도 하는데 이 둘의 차이는 아래 표를 통해 확인할 수 있다.

정서와 기분의 차이	
정서(emotion)	기분(mood)
• 정서를 일으키는 대상이나 사람 등 반드시 원인이 있음 • 간단하고 몇 초 몇 분 안에 끝남 • 다중적이고 객관적인 특성을 보임	• 자유롭고 흐트러진 정의적 상태로 반드시 원인이 있지 않음 • 더 오래 지속됨 • 주관적인 경험이 두드러짐

정서는 자신이 경험하는 느낌과 감정을 타인에게 의사전달하고 특정 자극에 대한 특정 행동을 하도록 하는 동기 부여의 기능을 갖고 있으며, 일차정서와 이차정서로 구분한다. **일차정서**는 태어날 때부터 가지고 있는 정서로, 인간의 정신 작용과 적응 행동에 기초가 되는 정서이다. 기쁨, 흥미와 같은 긍정적 정서와 슬픔, 분노, 고통, 공포와 같은 부정적 정서를 포함한다. 영아의 인지능력이 발달하면서 18~24개월 무렵이 되면 정서가 더욱 세분화되는데, 이 때 나타나는 정서를 **이차정서**라 말한다. 이전보다 더 높은 수준의 인지과정이 요구될 뿐만 아니라 자아개념이 발달되어야 가능하므로 '자아의식적 정서'라고도 한다.

그림 37 정서는 현재 자신이 느끼는 감정을 타인에게 알리는 기능이다.

아이는 일찍부터 다른 사람의 얼굴 표정을 보고 정서를 구별할 수 있는 능력이 있다고 한다. 생후 2~3개월 정도 되면 일차 정서를 단순하게 구별할 수 있으며, 생후 12개월 정도가 되면 영아는 자신의 정서를 표현하면서 타인의 관계에서도 소통을 위한 정서 구별을 할 수 있게 된다. 초기에 나타나는 정서는 양육자의 행동에 영향을 미치며, 욕구나 목표에 맞추도록 하는 수단으로 활용된다. 미소를 짓고, 분노하고, 슬퍼하며 우는 것은 양육자의 주의를 끌고 행동을 변화시키는 가장 효과적인 의사소통 방법이다. 또한 어린아이는 정서를 조절하지 못하기 때문에, 양육자가 안아서 달래주는 것과 같이 외부에 의해 정서가 조절된다.

1. 기쁨, 분노, 공포, 질투 삽입

기쁨 (생후 2~3개월)

영아는 미소를 잘 짓고 많이 웃기 때문에 양육자의 긍정적인 상호작용을 불러일으키기가 쉽다. 때문의 기쁨의 정서는 서로의 관계에 있어 중요한 역할을 한다. 생후 2~3개월 정도가 되면 양육자의 얼굴을 보고 정서적으로 반응하는 사회적 미소가 나타난다.

분노 (생후 4~6개월)

분노의 정서는 생후 4~6개월에 나타나기 시작한다. 이 시기의 영아는 점차 자율성을 갖게 되어 이전보다 더 많은 경험을 스스로 하려는 욕구가 강하게 나타나는데, 이러한 욕구가 좌절되는 경우가 많아지면 분노를 느끼게 된다. 유아는 자신의 요구가 거부당하거나 의지가 좌절될 때 분노를 표출한다. 이때 신체적인 공격성을 보이는데 언어가 발달하면서 떼를 쓰기보다는 욕설과 야유 등 언어적 공격이 증가하게 된다.

공포 (생후 6~9개월)

공포의 정서 역시 분노와 비슷한 시기에 나타난다. 출생 후 얼마 되지 않을 때에는 안전한 환경에 둘러싸여 있기 때문에 공포를 경험할 기회가 별로 없지만, 점차적으로 경험이 다양해지면서 공포의 정서를 느끼게 된다. 영아에게서 가장 많이 나타나는 공포는 분리불안이나 낯선 사람을 만나는 경우와 관련된 것이 많다. 유아는 공포의 대상에 대해 정확한 정보가 없거나 대처방법을 모를 때 공포를 느끼게 된다. 이 시기의 공포는 주변에 대한 지식이나 경험이 넓어지면서 점차 감소하는 특성을 보인다. 또한 6세경에는 상징적 사고가 발달하면서 자신이 경험하지 않아도 상상하는 것만으로도 공포를 느끼기도 한다. 예를 들어 도깨비나 귀신과 같은 것들에 대한 공포가 그러한 것이라고 할 수 있다. 대부분의 공포는 일시적으로 나타났다가 자연스럽게 사라지지만 공포가 잘 해결되지 않고 반복되면 야뇨증이나 야경증으로 발전하기도 한다.

질투

질투는 대표적인 2차 정서로 18개월경에 주로 나타난다. 유아는 질투로 인해 배변 실수를 하는 등 퇴행하는 모습을 보이기도 하며, 유치원이나 어린이집에서도 교사의 애정을 차지하기 위해 질투의 감정을 표현하기도 한다.

인성 탄탄 – 끙끙 변기 놀이

15개월 전후로 아이들은 대소변 가리기를 시작하게 됩니다. 남아 여아, 개인별 차이는 있으나, 대변을 가린 후 소변을 가리는 것이 가능하게 됩니다. 따라서 배변훈련을 시작할 때, 변기를 사용하는 것에 친숙함을 느끼고 스스로 시도해 보고, 성공적인 배변으로 자신감과 긍정적인 정서를 갖기 위해서는 배변훈련이 즐거운 놀이처럼 경험되어야 합니다. 끙끙 변기놀이에서 영아들은 내 몸에 대해 탐색하고, 내 몸에 좋은 음식들도 살펴보고, 음식이 바깥으로 나오는 배변에 대해 관심을 갖게 됩니다. 대소변을 가리기 위한 연습이 아니라 나는 매우 소중한 존재이고 나를 위해 할 수 있는 일들을 찾아보고. 내가 잘하는 일이 있음을 알아가는 과정도 중요합니다. 따라서 영아들이 배변 훈련으로 인하여 실수를 하고 정서적으로 죄책감이나 불안감을 느끼지 않도록 도와주는 것이 필요하며, 이는 이후 자아 개념이나 정서 조절 능력에도 많은 영향을 줍니다.

오감 탄탄 – 거울 그림 놀이

출생 후 영아들이 자신의 몸을 탐색하면서 나에 대해 알아가지만, 뒤집고 기고 앉으면서 탐색할 수 있는 환경이 다양해지면, 타인에 대한 관심도 생겨나기 시작합니다. 어린 영아들도 타인의 표정을 보고 정서를 이해할 수 있고, 즐거운 정서, 불쾌한 정서를 구분하며, 표정을 모방하는 경우도 많습니다. 점차 월령이 높아지면서 거울을 보고 내 모습을 탐색하고 나와 다른 사람의 차이점도 발견하게 됩니다. 이는 자기중심적인 사고의 영아들에게 다른 사람에 대한 관심을 갖게 하는 중요한 계기가 됩니다. 거울 그림놀이는 거울을 보면서 나에 대해 탐색하는 것에서 넘어서 다른 영아와 나와 어떤 점이 비슷한지, 다른지를 구분할 수 있는 좋은 활동입니다. 다른 친구들의 긍정적인 정서 표현, 부정적인 정서표현에도 관심을 갖고 어떻게 대처해야 할지 생각하게 되고, 눈을 마주치고 함께 웃으면서 정서를 공유하게 됩니다. 아직 언어 표현이 미숙한 영아들은 표정과 행동을 보며 타인에 대한 정서를 이해하는 것이 중요하기 때문에, 이러한 경험은 정서를 공유하고 발달시키는데 많은 도움이 됩니다.

유아들은 기쁨에서부터 절망까지 일련의 감정들을 경험할 수 있으며, 유아기에는 정서와 그것을 표현하는 방법을 배우는 것이 매우 중요한 발달과제라고 할 수 있다. 유아는 이 시기에 다양한 방법으로 정서를 표현할 수 있는데 지속시간이 짧고 정서 표현의 변화가 급격하다. 즉, 유아는 울다가 바로 기분이 좋아져서 미소를 짓기도 하는 등 쾌와 불쾌, 양극단의 정서를 교대로 표현한다. 또한 자신과 타인의 정서를 어느 정도 이해하게 되어 자신의 생각을 감정에 반영할 수 있게 되고 부정적 정서를 일으키는 사건에 대해 편안해질 수 있는 전략을 획득할 수 있게 되는데, 손가락 빨기, 자신만의 편안한 장소로 움츠리기, 믿는 친구에게 더 가까이 가기, 자신의 관심을 돌리고 다른 주제로 대화하기 등이 있다. 정서를 긍정적으로 표현하는 것은 사회화 과정의 매우 중요한 부분이며, 정신건강과 사회에서의 상호작용을 위해 꼭 필요한 것이다. 정서능력은 다른 사람과의 상호작용이 가능해지면서 나타나는데, 유아가 타인에게 요구하는 것을 얻어내고 갈등을 해결할 때 중요하게 작용을 한다. 예를 들어 실망스러운 상황에서 즉각적으로 분노나 슬픔의 감정을 표현하지 않고 오히려 그런 충동을 감추어 웃어버리는 반응을 하는 것들이 정서 조절에 해당한다. 또한 원하는 것을 얻지 못했을 때 울음을 참기 위해 눈을 끔뻑이거나 먼 산을 바라보는 등의 노력을 하는 것도 정서 조절 능력의 예라고 할 수 있다.

자연재료 탐색놀이 – 숲 속에서

유아기의 정서는 이전보다 분화되어 다양한 대상, 상황에 여러 가지 정서를 표현하곤 합니다. 특히 소리나 낯선 것에 공포를 보이는 것에서 상상 속의 대상에 공포심을 느끼기도 합니다. 인지 발달이 이루어지면서 경험하지 않은 것을 상상할 수도 있고, 공포의 정서 또한 경험하지 않은 대상에서도 나타나게 됩니다. [숲속에서]는 유아들이 숲속에서 볼 수 있는 다양한 것을 탐색해보는 활동입니다. 여러 가지 곤충과 동물, 숲속에서 할 수 있는 일들을 찾아보고 경험한 것, 또는 상상한 것들을 재미있는 놀이로 표현해봅니다. 어두운 숲 속을 거닐며, 여러 가지 동물과 곤충을 만나고, 캠핑을 하는 경험 또는 상상으로 놀이를 진행합니다. 연령이 어린 영아들은 어둡고 친숙하지 않은 환경에 공포심을 느낄 수도 있겠고, 연령이 높은 유아들은 자신의 경험에 기초하여 다양한 정서를 표현할 수 있습니다. 즐거웠던 경험이든, 그렇지 않았던 경험이든 유아들이 숲속이라는 환경에서 느끼는 다양한 생각과 느낌을 긍정적인 정서로, 또는 부정적인 정서로 표현할 수 있도록 도와주는 것이 중요합니다. 기쁘고 즐거운 긍정적인 정서도 소중하고, 무섭고 공포스러운 정서도 또한 존중받으면서 나와 다른 사람의 감정이 다르다는 것도 경험하도록 합니다.

조형감각 탐구놀이 - 거울 페인팅

영아들은 거울을 통해 나의 모습을 탐색하고, 나와 다른 사람과의 차이점을 발견해나갑니다. 그리고 표정이나 행동을 보며 그 사람의 감정을 이해하는 정서 이해가 가능해집니다. 유아기의 정서 이해는 성인과 많은 차이를 보입니다. 부정적인 정서보다는 긍정적인 정서를 더 쉽게 이해하고, 단순한 일차 정서를 유발하는 원인이나 상황을 이해할 뿐, 고차원적인 이차 정서의 상황을 이해하기는 어렵습니다. 그리고 내적으로 느끼는 정서와 외적으로 표현하는 정서의 차이를 구분하기도 어렵습니다.

[거울 페인팅]은 정서를 이해하고 표현하는 능력을 기르는데 좋은 활동입니다. 나의 감정을 표현하는 다양한 방법을 알아보고, 그때의 얼굴 표정이나 모습을 충분히 관찰합니다. 나와 다른 사람, 또래들의 모습을 관찰하면서 정서를 표현하는 바람직한 방법에 대해 이해하게 됩니다. 기쁠 때, 화가 날 때, 질투가 날 때, 놀랄 때의 모습은 어떠한지, 다른 사람의 모습을 보고 어떤 감정을 느끼는지 알아보는 것은 나와 다른 사람의 감정이 다르다는 것을 알 수 있도록 도와줍니다. 그리고 정서 표현이 나타나게 된 원인도 다양하게 생각할 수 있는 기회를 제공할 수 있습니다.

타인의 정서에 관심을 갖기 시작하는 유아 후기에는 정서를 이해하고 적절하게 표현하는 방법을 익히는 것이 필요합니다. 그러기 위해 다른 사람들과 자주 이야기를 나누고, 감정을 공유하고, 또는 다양한 상황에서의 느낌을 생각해보는 기회가 자주 제공되어야 합니다. [우리들의 비디오 아트] 활동처럼 화가나 작가의 관점에서 생각하고 느낌을 표현하는 활동은 정서를 이해하고 표현하는데 많은 도움이 됩니다. 백남준의 비디오 아트 작품을 감상하고 자신의 느낌을 자유롭게 이야기하는 것에서부터 시작하여, 다른 친구들의 느낌을 공유하고, 내가 만약 ~ 라면, 내가 만약 작가라면, 내가 만약 ~을 만든다면, 상상하여 다른 사람의 입장에서 생각해보는 기회를 가져보는 것이 좋습니다. 같은 상황에서도 다른 생각, 정서를 느낄 수 있고 반응도 다르며 실제로 생각하는 것과 표현하는 것이 다를 수도 있음을 이해하게 됩니다. 작가가 비디오 아트를 통해 표현하고자 했던 것과 유아들이 표현하고자 했던 것이 어떻게 다른지 알아보고, 어떤 감정을 표현하고 싶었는지, 어떻게 표현되었는지 충분히 이야기를 나누며 다양한 정서를 이해하고 표현하는데 관심을 갖도록 합니다.

2. 사회성 발달과 특징

인간은 태어남과 동시에 주변 환경이나 다른 사람과의 상호작용을 통해 자신의 욕구를 충족시키는 방법을 배워나가며, 사회적 규칙 속에서 타인과 관계를 맺으며 사회의 일원으로 성장한다. 인간은 태어날 때부터 완벽한 존재가 아니기 때문에 가정, 학교 등 여러 형태의 사회 속에서 생활하면서 행동양식을 배워나가는 사회화 과정을 거치며 성장한다. 사회화 과정에서 길러지는 사회성은 여러 가지 관점에서 정의내릴 수 있지만 쉽게 설명하자면 한 인간이 사회의 구성원으로 살아가기 위해서 그 사회를 인식하고, 여러 집단의 사람들과 관계를 맺으며 함께 어울려 살아가도록 만들어주는 모든 능력이라고 할 수 있다.

사회성의 개념을 처음으로 사용한 뒤르켐(Durkheim, 1956)은 백지와 같은 상태에서 태어난 아이가 어른을 통해 사회의 문화를 흡수하는 것을 사회화라고 정의하였다. 아이는 그 사회에서 공인된 언어, 사고, 감정, 행동을 포함하는 생활양식을 학습하여 타인과 상호작용하면서 자신이 속해 있는 사회 집단 구성원들이 기대하는 바에 따라 행동을 발달시켜 사회성을 높여나간다.[1]

---

1) 사회성 발달의 8가지 하위요인 (이위환,1994)

사회성 발달의 주요 특징과 의미	
구 분	의 미
자율성	무슨 일이든지 주체성을 가지고 추진하며 스스로 결정하여 일을 수행하고 독창적이며 능동적인 감정이나 의지
지도성	생산성 있게 일을 조직하고 추진하고 결정해 나가는 능력과 발전적이며 진보적으로 집단을 이끌어가는 감정이나 의지
수용성	타인을 받아들이고 포용하는 능력
안정성	정신적으로 균형을 이루며 합리적이고 침착하게 일을 추진하고 객관성 있는 판단력에 따른 감정이나 의지
사교성	여러 사람들과 친밀하게 지내며 참여적이고 언제나 희망에 차 있고 매력 있는 행동을 함으로써 다른 사람들에게 인기가 있고 호감을 줄 수 있는 감정이나 의지
준법성	무슨 일이든지 계획적이고 책임감을 가지고 추진함으로써 사회적 규범이나 법률에 어긋나지 않게 행동하려는 감정이나 의지
근면성	부지런하고 어려운 일에도 실망하지 않고 한번 계획하면 중도에 포기하지 않는 인내심과 적극적인 자세로 일을 수행하고 실천해나가는 감정이나 의지
예절성	어른을 존경하고 같은 또래와도 함부로 대하지 않고 예의를 지키는 정도

출생 직후부터 2세경까지 주로 부모나 자신을 돌보아 주는 양육자에게 애착심과 신뢰감을 형성해나가며, 이를 바탕으로 점차 다양한 인간관계를 맺어나간다. 영아들은 자신을 둘러싼 환경 속에서 다양한 경험과 지속적인 의사소통을 통해 사회성을 발달시켜나가며, 이 시기에 형성된 사회성은 성인이 되어서도 지속적인 영향을 준다. 영아들은 자기중심성을 벗어나 다른 사람의 감정을 이해하고 배려하기 시작하면서 사회성을 길러나간다. 따라서 영아의 놀이행동을 살펴보면 연령이 어릴수록 단독놀이를 많이 하고 점차 또래와 함께하는 복잡한 놀이를 하기 시작한다는 것을 발견할 수 있다. 그러므로 영아의 사회성 발달에 있어서 부모, 또래, 교사와의 상호작용은 매우 중요하다.

3. 사회성 발달 과정

영아의 사회성 발달 과정은 유사하게 나타나는데, 이는 동일한 문화적 환경 속에서 비슷한 학습경험을 하게 되기 때문이다. 만 1세와 만 2세의 영아들의 사회성 발달 과정은 다음과 같다.

놀이의 힘! 잘~ 놀아야 똑똑한 아이가 된다

사회성 발달의 과정 만1 ~ 2세

시기	사회성 발달 과정
만 1세	• 1세의 영아는 양육자 외에 다른 사람과의 접촉이나 관계에 매우 민감하게 반응하다가 점차 친근한 사람이나 또래들과 놀이를 함께 하며 사회성을 발달시켜나간다. • 자신의 감정이나 의사를 표현하기 시작하며, 간단한 명령과 지시를 따를 수 있다. • 타인과의 관계에서 자신이 불리한 상황에 처했을 때 간단한 언어나 행동으로 자신을 방어하려고 한다. • 자신과 타인의 것을 구분하는 소유개념이 발달되어 물건에 대한 강한 소유욕을 보이며, 또래친구와 어울리기 보다는 주위 환경과 놀잇감에 더 많은 관심을 보인다. 따라서 같은 공간에서 다른 영아와 함께 있어도 상호작용 없이 따로 놀이를 한다. • 1세말에는 자아개념이 강해지면서 자신의 성에 대한 개념을 형성하는데, 영아는 성이라는 사회적 구분에 대해 인식하고 반응하기 시작한다.
만 2세	• 2세가 되면 영아의 자아개념이 발달하며 자신을 사회적 존재로 인식하는 경향이 강해진다. • 자신이 다른 사람들과 어떻게 다른지 알게 되고 다른 사람들과 상호작용을 하는 방법 등을 포함한 사회적 기술들을 배워 나간다. • 1세 때와는 달리 다른 영아들과 함께 놀이를 하는 경향을 보이고, 이 과정에서 사회적 기술을 터득해간다. • 스스로 이동하고 주변을 탐색하면서 관계를 형성하는 자율성이 생기며 좀 더 강한 소유개념을 갖게 된다. • 2세말 경에 이르면 다른 사람의 욕구를 인정하기 시작하며, 규칙과 판단에 대한 개념이 형성되지만 여전히 자기중심적인 경향은 남아있다. • 이 시기에는 성이 바뀔 수 없는 것임을 인식하게 되고 자신과 동성의 부모를 동일시하는 현상이 나타난다.

유아들은 성장할수록 자기중심적 사고에서 탈피하여 자기뿐만 아니라 자신을 둘러싼 사건에 더욱 관심을 가지게 된다. 유아기는 비사회적 단계에서 사회적 단계로 발달하는 시기로 이 시기를 거치며 유아들은 사회적 인간으로 급성장한다. 유아들은 또래집단과 어울리기 시작하며, 혼자서 개별 활동을 하는 것 보다는 또래와의 상호작용을 통한 협동적인 활동을 즐기기 시작한다. 이러한 과정에서 자기주장이 강해지며 성역할에 대해 인식하기 시작하고 자신의 견해와 다른 많은 관점이 있다는 사실을 깨닫게 된다. 유아의 사회성 발달은 가족관계, 또래집단, 지역 환경 등 외부적인 요인들의 영향을 많이 받는다. 유아기에 어떤 환경에서 어떤 교육을 받았는가에 따라서 이후 사회적 능력에 차이가 나타나기 때문에 이 시기에 사회성을 증진시켜줄 필요가 있다.

사회성 발달의 과정

시기	사회성 발달 과정
만 3 ~4세	• 신체적으로 대단히 활동적이고 무한한 호기심을 가지게 되며 적극적인 사회 반응을 보인다. • 친구들과 함께 어울리면서 활발하게 상호작용을 하고 서로 자신과 잘 맞는 친구들을 가려내기 시작한다. • 이 시기에 대부분의 유아들은 첫 우정을 형성하게 되며 이 관계가 지속되어서 일생에 영향을 미친다.

놀이의 힘! 잘~ 놀아야 똑똑한 아이가 된다

만 5 ~6세	• 만 5세 정도가 되면 어떤 행동이 의도적인 것인지 아니면 우연히 발생한 것인지를 구별할 수 있게 된다. • 부모에게 의존하지 않고 스스로 행동하고 결정하기 시작한다. • 관심의 대상이 가족에서 또래로 바뀌면서 폭넓은 경험을 하게 되고 인지적인 성장이 가능해진다. • 자아에 대한 의식, 자신의 능력에 대한 자신감이 강화되며 또래들과 함께 생활하면서 자신의 모습을 객관적으로 보게 된다. • 6세경의 유아들은 다른 사람들이 생각하는 것이 자신과 다를 수도 있다는 사실을 알게 된다. • 다른 사람의 의도를 이해하고 파악하는 능력이 생기면서 파악한 의도를 바탕으로 그 행동을 한 사람을 칭찬하고 비난하기도 한다.

4. 인지발달 그리고 상징적 사고

인지는 라틴어 'cognoscere'에서 비롯된 말로 '안다'라는 의미를 가진다. 즉, 아이가 세상을 이해하고 지식을 획득하며 환경에 적응하는 과정을 '인지'라고 한다. 아이는 가끔 우리가 기대했던 것보다 훨씬 더 복잡한 행동을 하기도 하고 가끔씩은 아주 단순한 일을 처리하지 못하는 모습을 보이기도 하는데, 이러한 모든 과정에서 아이가 스스로 자신의 정신 능력을 어떻게 조절하는지, 그 변화를 알아보는 것이 바로 인지발달에 해당한다. 인지발달은 신체발달처럼 자연적으로 이루어지는 것이 아니다. 그래서 인지발달을 위해서는 교사와 부모를 비롯한 성인의 역할이 매우 중

요하다. 조기교육이나 사교육 같은 주입
식 인지발달교육이 아닌 유아의 발달에
따른 적합한 교육과 환경이 제공되어야
인지발달이 긍정적인 방향으로 이루어
진다. 아이기의 인지발달에 대한 연구
를 했던 학자로 피아제가 대표적이다.
피아제의 인지발달이론에 따라 영아기
와 유아기를 나누어 인지발달을 설명하
기로 한다.

그림 38 피아제(Jean William
Fritz Piaget, 1896~1980)

※ 스위스의 발달심리학자. 논리적
 사고 발달에 관한 연구를 추구하
 였으며, 아이의 인지발달에 관한
 연구에 크게 공헌하였다.

　　영아의 지능은 타고나는 것인데,
생후 첫 2년간 영아는 자기 자신, 가까
운 주변 사람들, 일상생활의 여러 사건 등 많은 것을 학습하게 된다. 하
지만 영아는 아직 상징을 사용하거나 자신의 행동에 대해 반성할 수 있
는 인지적 능력이 덜 발달되었기 때문에 피아제는 영아의 인지를 '감각운
동 지능'이라고 하였다. 감각운동 지능에 대한 연구는 피아제가 그의 세
자녀의 영아기를 자연스럽게 관찰하고, 인지가 어떻게 발달되는지 살펴보
면서 시작되었다. 그는 요람 옆에 앉아 자녀들이 노는 것을 자세히 기록
하거나 영아의 눈동자 움직임 등을 관찰하였고, 이를 바탕으로 감각운동
기에 대해 정리하였다. 감각운동기는 총 6단계로 나누어져 있는데, 각 단

계의 연령 범위는 근사치이기 때문에 개인에 따라 차이가 있을 수 있지만 단계는 일정한 순서로 진행되는 보편적인 결과라고 할 수 있다. 각 단계와 그에 따른 인지적 특징은 아래와 같다.

유아기에 접어들면서 유아의 사고는 매우 많은 변화를 경험한다. 영아기보다 언어 능력도 발달하고, 자신의 생각을 언어로 자유롭게 표현할 수 있게 되면서 다른 사람들과 의사소통이 가능해지기 때문에 자신의 사고를 보다 더 확장시킬 수 있게 된다. 유아의 인지발달 역시 피아제의 이론을 통해 확인할 수 있다. 유아의 단계는 피아제의 인지발달단계 중 전조작기에 해당한다. 피아제는 유아의 인지발달에 대해 지금까지와는 새로운 수준에서 사물이나 사건을 조작할 수 있게 된다고 하였다. 다만 표현능력이 증가함에도 여전히 사고 수준이 미숙하기 때문에, 논리적인 사고보다는 자아중심적이고 직관적인 사고의 특성을 보인다. 전조작기는 2-4세까지의 전개념기(preconceptional period)와 4-7세까지의 직관적 사고기(intuitive period)로 나뉜다.

상징적 사고란 특정 대상이나 경험을 내적으로 표상하기 위해 상징을 사용하는 능력, 의사는 아픈 사람의 병을 치료하는 사람과 같이 상징을 사용할 수 있는 능력으로 유아 초기에 급속하게 발달한다. 특히 전조작기 유아는 단어, 숫자, 이미지 등을 가지고 상징적 사고를 할 수 있다. 때문에 실제로 존재하지 않는 사물을 기억하고 생각할 수 있기 때문에 유아는 지연모방이나 상징놀이를 할 수 있게 된다. 예를 들어, 유아가 막대기를 총이나 칼이라고 한다든지, 베개를 아기라고 하며 업고 놀거나 모래와 물을 섞어 떡이라고 하며 노는 것 등이 해당된다고 할 수 있다.

유아기 때는 사물이나 사건을 두 가지 이상 측면에서 동시에 고려하지 못하는 현상으로 자기중심적 사고와 직관적 사고가 나타난다. 자기중심적 사고는 다른 사람의 관점에서 사물이나 사건을 고려하지 못하고 자신의 관점에서만 사고하는 것을 말하며, 내가 느끼는 것을 다른 사람도 똑같이 느낀다고 생각한다. 이는 언어 표현에서도 반복, 개인독백, 집단독백과 같이 상대방과 상관없이 자신의 생각만 전달하는 것이 종종 나타난다. 이러한 자기중심적 사고는 유아가 사물이나 어떤 현상을 자기의 입장에서만 보고 다른 사람도 자신과 똑같이 생각하고 행동한다고 믿기 때문에 다른 사람의 관점을 이해하지 못하는 모습을 보인다. 대표적인 예로 유아들은 엄마의 생일에 자신이 좋아하는 장난감을 선물하면 엄마가 좋아할 것이라 생각하는 것이 있다. 또한 숨바꼭질을 할 때도, 자신의 얼굴만 숨기면 다른 사람이 못 볼 것이라 생각하는 것, 말을 할 때도 자신이 하는 말이 상대방에게 이해가 되는지는 신경 쓰지 않고 하고 싶은 말만 계속 하는 것도 자기중심적 사고의 영향이라고 할 수 있다.

피아제의 '세 산 모형실험'은 대표적인 자기중심적 사고의 실험이다. 조그마한 인형을 두고 인형의 위치에서 산의 모양을 설명하도록 하

놀이의 힘! 잘~ 놀아야 똑똑한 아이가 된다

지만 유아는 자신의 위치에서 본 산의 모형만을 말한다는 것이다. 하지만 이 실험은 훗날 도날드슨(Donaldson, 1984)의 실험에서 아이들이 어른과 비슷한 사고를 보여, 아이들을 과소평가한 실험의 예라는 비난을 받기도 했다. 직관적 사고기 역시 중심화 단계에서 나타나는 특징이다. 유아는 사물이나 어떠한 사건의 여러 측면에 주의를 기울이지 못하며 그 속에 내재된 규칙이나 조작도 이해하지 못하고 겉으로 드러난 것, 즉 보이는 것만 믿고 생각하는 특성을 보이는데 이 시기를 직관적 사고기라고 한다. 그렇기 때문에 유아는 수, 길이, 양, 무게, 부피 등에 대한 보존개념이 발달되지 않아 내용물의 양이나 길이 등에서는 차이가 없으나, 외형을 변화시키면 특성이 아예 바뀌어버렸다고 인식을 하게 된다. 예를 들어 공 모양의 두 찰흙이 있을 때, 하나만 손으로 눌러 납작하게 만들어도 양이 같은지 물으면 유아들은 다르다고 생각을 하는 것이다.

사물을 같은 유목이나 범주로 나누거나 모으는 것으로 사물 간의 공통적인 특성을 이해하는 능력이 필요하지만 영아는 직관적으로 관찰하고 분류하기에는 분류 기준이 명확하지 않고 다양하게 분류하는 특징을 보인다. 예를 들어 길이나 부피 등 같은 속성에 따라 사물을 순서대로 배열하는 것으로 영아기는 서열과 관계없이 배열한다. 유아 초기에는 일부만 순서대로, 후기에 이르러 순서대로 정확하게 비교하고 배열이 가능하다. 인과관계는 어떤 현상의 원인과 결과 현상간의 관계를 이해하는 것

225

으로 유아 초기에는 인과관계를 논리적으로 추론하기가 어렵다. **예를 들어, 유아가 자신이 친구와 싸운 것과 엄마가 아픈 것을 연결시켜 자신과 싸웠기 때문에 엄마가 아프다고 생각하는 것을 예라고 할 수 있다.** 목적론(모든 사물이나 현상이 사람의 필요에 의해 만들어졌다고 믿는 현상), 인공론(인간이 사물이나 자연현상을 만들었다고 믿는 것), 전환적 추론(두 사건이 비슷한 시간 또는 동시에 일어나면 직접 관련이 없어도 인과 관계가 있다고 생각하는 것) 등이 해당된다. 이 외에도 마음 속에 생각한 것이나 꿈꾼 것 등이 실제로도 존재한다고 믿는 실재론, 생명이 없는 사물도 생명과 감정이 있다고 믿는 물활론 역시 개념발달의 특성 중 하나이다.

영아기에 비해 정보를 저장할 수 있는 기억 용량이 증가하고 정보를 저장, 인출하는 기억 전략 발달 및 단기, 장기 기억의 상위 기억이 발달하면서 지식 기반이 확대되고 주의 집중 능력도 함께 발달한다. 또한 정보를 저장할 수 있는 공간 중 단기 기억의 용량이 증가한다. 연령이 발달할수록 효과적인 기억 전략을 사용한다. 대표적으로 기억해야 할 정보를 반복해서 기억하는 시연, 기억해야 할 정보를 관련 있는 것끼리 범주, 그룹으로 묶는 조직화, 같은 범주에 속하지 않는 기억 간의 관계를 설정하여 기억하는 정교화, 저장된 정보 중에서 필요한 것을 효과적으로 빼내는 인출전략이 이에 속한다. 유아기에는 상위기억에 대한 초보적인 지식이 발달하며 기억하는 방법이나 전략을 사용하기 위해서는 더 많은 노력이 필요하다는 것을 인식한다.

지각은 단순하게 자극을 수용하고 전달되어 발달하는 것이 아니라, 자극의 변화와 차이를 이해하는 것이 중요하며, 연령과 유아의 심리적인 차이, 지각의 양상에 따라 다르게 나타난다. 유아들의 지각은 주관적이며 자기중심적인 특성을 갖고 있고, 어떤 대상이나 사건에 대해 독특한 의미를 부여하기 때문에 유아기만의 특별한 지각능력이 나타난다.

유아기 지각발달

구분	내용
형태지각 능력	형태를 지각하고 자극 간의 차이를 변별할 수 있는 능력으로 영아기에 비해 길이, 크기를 구분하는 능력에 진전이 나타난다.
방향지각 능력	상하, 좌우, 전후의 공간 관계를 파악하는 능력으로 일반적으로 지각된 방향, 거리, 위치 관계를 이해하는 능력이 발달해야 나타난다.
거리지각 능력	자기 신체를 중심으로 공간을 지각하고 원근 정도를 이해하는 것을 의미하며 유아 후반이 되어야 거리 지각, 원근 변별이 가능하다.
색깔지각 능력	색을 구별하고 상태를 인지할 수 있는 능력이며 색을 구별하는 능력이 발달하고 난 후, 색 이름을 정확하게 말할 수 있고, 색조의 차이를 명확하게 구분할 수 있다.
시간지각 능력	자극의 변화를 시간 순서에 관련하여 해석하는 능력을 말하며, 일상을 통해 반복되는 내용을 경험하는 것에 따라 발달한다. 과거, 미래에 관한 이해는 유아 초기에 가능해지고, 유아 후기에 이르러야 월, 주, 일과 같은 개념, 시계를 보고 시간의 흐름을 이해하는 것 등이 가능하다.

5. 피아제의 인지발달 단계

1단계(출생~3개월) : 반사활동

영아는 다양한 반사 능력을 가지고 태어난다. 반사능력 중 일부는 인지와는 전혀 관련이 없거나 연령이 지남에 따라 완전히 사라지기도 한다. 하지만 빨기, 응시하기, 손과 팔의 운동 등과 같은 반사능력은 영아가 갖는 최초의 감각운동이며, 새로운 사물을 이해하기 위해 이러한 반사활동을 사용하는 모습을 보인다. 이제 막 태어난 아기가 마치 엄마, 아빠를 알아보듯이 엄마, 아빠의 손가락 한마디를 꽉 잡는 경험을 한 적이 있을 것이다. 손가락을 야무지게 잡는 아기의 손은 애틋한 느낌을 주기도 한다. 작은 손으로 손가락을 잡았을 뿐인데, 잘 키워내야겠다는 왠지 모를 사명감까지 느끼게 한다. 그런데 사실 이 '잡기'의 실체는 반사(쥐기 반사 혹은 잡기 반사)이다. 이러한 반사는 알고 하는 의식적인 행동이 아니고 특정 자극에 대한 자동적이고 무의식적인 반응현상이다.

2단계(1~4개월) : 1차 순환반응기

이 단계에서는 감각운동이 지속적으로 발달하고 통합적인 모습을 보인다. 예를 들어, 영아가 소리가 나면 소리가 나는 방향으로 머리와 눈을 돌리는 것은 시각과 청각 간의 협업능력이 발달되었음을 나타낸다.

놀이의 힘! 잘~ 놀아야 똑똑한 아이가 된다

즉, 영아가 우연히 시도한 빨기 반응이 만족스러운 결과를 가져오면 영아는 그 행동을 반복하는데 이러한 반응은 영아에게서 최초로 나타나기 때문에 '1차'이며, 반복적이기 때문에 '순환'이라고 한다.

3단계(4~8개월) : 2차 순환반응기

1차 순환반응기가 영아의 신체를 중심으로 일어났다면, 2차 순환반응기는 외부 환경이나 사건을 중심으로 일어난다. 즉, 영아는 기어다니며 주변의 사물을 다루면서 우연히 발견한 흥미로운 사건을 되풀이한다. 예를 들어, 영아가 새로운 장난감을 잡고 흔들었더니 예기치 않게 딸랑거리는 소리를 들으면 영아는 놀라서 잠시 흔들기를 멈추었다가 망설이면서 다시 한 번 더 흔들어 소리를 듣는다. 다음에는 더 빨리, 자신 있게 흔드는데 이후부터는 상당히 오랫동안 계속해서 흔드는 행위를 되풀이하는 것을 볼 수 있다.

4단계(8~12개월) : 2차 도식협응기

이 시기에는 계획적이고 의도된 행동이 나타나기 시작한다. 이 시기부터는 단순한 목표를 달성하기 위해 두 개 이상의 행동을 협응시키기 시작한다. 예를 들어 영아는 그림책 뒤에 놓인 장난감을 갖기 위해 그림책을 밀어내고 장난감을 잡을 수 있는데, 이는 그림책을 밀어내는 행동이 우연한 행동이 아닌 의도적 행동이라고 볼 수 있다. 즉, 전혀 관련 없는 두 가지 행동이 목적을 위한 수단으로 통합된 것이다.

5단계(12~18개월) : 3차 순환반응기

이 시기 영아는 주변의 환경에 대해 실험적이고 발견적인 접근을 하기 시작한다. 새로운 문제를 해결하거나 흥미로운 결과를 얻기 위해 방법을 생각하기도 한다. 때문에 새로운 것에 대해 적극적으로 행동하고 관심을 보이는 것이 특징이다. 예를 들어, 장난감을 갖기 위해 그림책을 밀어내는 행동에 있어서 발로 밀어내거나, 주변에 있는 막대기로 밀어내는 등 다양한 방법을 계속해서 시도하는 모습을 보인다.

6단계(18~24개월) : 상징적 문제해결

영아는 마음 속으로 목표를 상상하면서 효과적인 방법을 찾아내려 한다. 따라서 피아제는 5단계를 '적극적인 실험을 통한 새로운 수단의 발견'이라고 한 반면, 6단계를 '정신적 결합을 통한 새로운 수단의 발명'이라고 하였다. 예를 들어 풍선에 바람을 넣으면 점점 커지지만 풍선에 바람을 너무 많이 넣으면 터질 수 있다는 것을 알게 되면서 아빠가 풍선을 세게 불면 영아가 눈을 감거나 귀를 막는 행동을 취하는 것이 이에 해당한다.

지금부터 사용하는 단어와 표현이 다소 어려울 수도 있겠지만 위에서 언급한 내용을 기초로 교육단계를 이해하고 적용하기 위해서 폭넓은 지식을 경험하게 될 것이다. 우리 아이들에게 생애에 가장 큰 영향을 주는 중요한 단계이기도 하며 이 책에서 다루게 될 핵심을 통해 부모로서 행복한 자극을 갖게 될 것이다. 우선 전조작기의 특징들을 알아보면 다음과 같다.

전조작기(preoperational stage / 2~7세)

가. 사고하는 것을 배우는 시기이다. 이 시기에는 상징과 내적 이미지를 사용하게 된다. 현상들에 대한 표상을 형성하고 구조화하여 사고 능력을 가지게 된다.

나. 전조작기의 사고는 비체계적이고 비논리적이다. 이렇게 사고의 논리적인 조작이 가능하지 않아서 전조작기라고 부른다.

다. 전조작기는 조작적 사고를 거의 못하는 전개념적 사고단계(2~4세)와 조작적 사고가 어느 정도 나타나는 직관적 사고단계(5~7세)로 나뉜다. 직관적 사고단계는 구체적 조작기로 넘어가는 전환기여서 매우 중요한 시기이다.

라. 전조작기 사고의 특징

1) 상징놀이 : 가상적인 사물이나 상황을 실제 사물이나 상황으로

상징화 한다(인형놀이, 소꿉놀이 등).

2) **꿈의 실재론** : 자신의 꿈이 실제로 일어났다고 믿는 것이다(초능력, 수퍼맨, 스파이더맨, 자동차를 좋아하는 아이는 심지어 난 커서 공룡이나 트럭이 될 거에요라고 표현하기도 하고 잠을 잘 때 꿈에서 경험한 것도 현실화하기도 함.).

3) **비가역성** : 모든 것을 한 방향으로만 생각하기 때문에 원래대로 되돌리면 원상태가 된다는 사실을 이해하지 못한다.

4) **비전이** : 논리적인 사고를 못하기 때문에 새로 학습한 내용을 새로운 장면에 적용하거나 사용하지 못한다.

5) **비약적 추론** : 비논리적이고 비인과적으로 추론한다.

6) **자기중심적 사고** : 타인의 생각·감정·지각·관점 등을 자신과 동일한 것으로 가정한다.

7) **직관적 사고** : 대상이나 사태가 가지는 단 하나의 현저한 지각적 속성에 의해 그 대상이나 사태의 성격을 판단한다(추리나 판단이 직관작용에 의존하고 있기 때문에 일반적인 관계와 특수한 관계는 정확하게 파악하지 못하고 있으며 과제의 이해나 처리의 방식은 그때그때 보는 방식에 의해 좌우되기 쉽다.).

8) **물활론적 사고** : 생명이 없는 대상에 생명과 감정을 부여한다. 아이들에게는 특정한 자극에 특히 민감한 시기가 있다. 그 시

기가 지나면 특별한 기회의 문이 닫히게 된다. 예를들어, 어린 아이들의 뇌는 하나 이상의 언어를 쉽게 익히기도 한다. 하지만 언어를 가장 잘 받아들여 배울 수 있는 시기는 만 5~6세경에 끝나기 시작하는 것 같다.

아이가 만 12세에서 14세가 되고 나면, 언어를 배우는 일이 만만치 않은 어려운 일이 될 수 있다. **교육학자 노암 촘스키(Noam Chomsky)는 아이의 경이적인 언어발달 능력을 설명하면서, 모든 인간에게는 선천적인 언어 습득장치**(LAD: language acquisition device기능)**가 있다고 하였다.** 언어습득장치란 모든 인간에게 선천적으로 언어를 습득하는 장치가 미리 프로그램되어 있기 때문에 별다른 노력을 기울이지 않아도 자동적으로 언어를 습득할 수 있는 것을 의미한다. 소아 신경학자인 피터 후튼로처에 따르면, 그 시기가 지나면 "두뇌의 언어 영역에 있는 시냅스의 밀도와 수가 줄어든다."고 말하였다. 생애의 처음 몇 년은 언어 능력을 습득하는 데 매우 중요한 시기임이 분명하다!

아이들은 인지 능력 발달에 매우 중요한, 말을 배우는 어려운 일을 어떻게 해내는가? 주로 부모와 말을 주고받으면서 대부분의 언어를 습득한다. 아이들은 사람이 주는 자극에 반응을 나타내는데 특히 엄마의 목소리를 잘 흉내낸다. 어느 날 갑자기 아이가 갑자기 "XX새끼야!"

라고 유치원에 다니는 아이가 재미로 내뱉은 이 한마디는 엄마를 기절시키기에 충분하다. 엄마는 아이를 천사로만 생각했다. 그 맑은 눈, 그 고운 눈, 그리고 그 고운 입술, 어느 것 하나 흠이 없이 맑은 아이. 아름다운 말만 하며 그렇게 평생 자랄 줄 알았는데 느닷없이 "XX새끼야!"라니…. 거기서 그치는 것이 아니다. 입에 올리기 부끄러운 신체의 부분을 거리낌 없이 내뱉어댈 때는 절망감까지 든다. 도대체 어떻게 된 일일까? 엄마는 집에서는 절대 하지 않은 말이니까 틀림없이 유치원에서 배워왔을 거라는 생각에 유치원을 더 좋은 곳으로 옮길 생각까지 한다.

아이가 이런 말을 할 때 훈계를 하지 않는 엄마는 거의 없을 것이다. 또 한 번 그런 말하면 매를 든다든지 밥을 안준다든지 엄마가 할 수 있는 최고의 벌을 생각해낸다. 그러나 효과가 없다. 다시는 하지 않겠다고 해 놓고 금세 도로 입에 올린다. 엄마들을 위한 미국 온라인 잡지 맘닷미(mom.me)의 편집인 캐더린 크라우포드도 마찬가지였다. 그녀는 젊었을 때 프랑스에서 공부했는데 아이가 입에 담지 못할 말을 해 기겁해 전문가를 찾았다.

그녀는 전문가에게 가장 듣기 싫어하는 말을 들었다. '애들 다 그런다고….' 그녀는 전문가들은 고칠 생각은 하지 않고 자기는 심각한데 내버려 두면 없어진다는 말을 할 때가 제일 짜증이 났다. 그러나 아이들이 다 자란 지금은 그 전문가의 말이 맞았다고 생각한다. 아기가 심하게 인체의 성기에 대해 이야기하는 것을 즐기더니 나이가 들면서 그런 말을 해도 사람들이 별로 관심을 갖지 않고, 또한 그것에 대한 호기심이 사라지면서 저절로 하지 않게 된 것이다.

그녀가 본 프랑스 엄마들은 실제로 아이들이 그런 이야기를 해도 별로 신경을 쓰지 않았다. 자라는 과정이라며 대수롭지 않게 여기는 분위기였다.

그런 국가에서는 전체적으로 이해하니까 큰 문제가 될 것이 없다. 그러나 문화가 다른 나라에서는 문제가 되지 않을 수 없다. 가족은 이해할지 모르지만 손님이 오는 경우에는 집안 망신이 될 수가 있다. 캐더린은 아이에게 손님이 왔을 때 그런 말을 하고 싶어 하면 화장실에 가서 손님이 들리지 않을 만큼 조용하게 혼자 말하도록 아이와 약속을 하라고 권한다.

한편 미네소타 대학에서 아이와 청소년, 가족 문제를 연구하는 마타 패럴 에릭슨 박사는 인체의 비밀스런 기관을 이야기하는 아이들은 그것이 하나의 통과의례일 뿐이라고 못 박았다. 에릭슨은 그 시기의 아이들은 자기의 신체에 대해 눈을 뜨는 시기라고 말했다. 그들은 비밀스런 인체의 기관에 갑자기 흥미를 느끼기 시작하고, 언어의 사용 분별능력이 아직은 부족한 아이들은 아무런 느낌 없이 사실대로 표현하면 부모들은 웃거나 당황스러워하는 반응을 보이게 된다. 언어의 관념이 성인과 다른 아이들은 놀라는 어른들을 보며 이상하게 여기고 유치원 시기의 반항기와 맞물려 하지 말라는 언어를 더 사용하면서 재미를 느끼게 된다. 아직 어려서 복잡한 유머를 잘 이해 못하는 유치원 아이들은 신체의 일부분을 말하는 것만으로도 주변의 환심을 살 수 있다는 생각에 더 입에 올리게 된다.

에릭슨은 그런 이야기를 하는 아이가 그 시기를 잘 지나 사회에 적응하게 하기 위한 첫 번째 방법으로는 아이들이 그런 이야기를 할 때 절대로 반응을 하지 말라고 권한다. 반응이 없으면 아이들은 갑자기 달라진 부모에 의아해 하다가 나중에는 더 이상 재미를 못 느껴 자연스럽고 빠르게 그 시기를 지나칠 수 있다는 게 그의 설명이다. 아이가 집 안이 아니라 사람들 앞에서 그러한 언어를 사용할 때는 방법이 달라야 한다. 분명하게 '사람들은 그런 이야기를 싫어해.'라고 말해줘야 한다. 또 하나 신경을 써야 되는 것은 인체의 부분들은 기능상 절대로 부끄러운 곳이 아니라는 점을 가르쳐줘야 한다. 아이가 놀리기 위해서 신체 부위를 이야기할 때는 과학적인 분위기로 바꿔서 말한 부분의 기능을 자세히 설명하면 좋다. 이 경우 '거기' 혹은 '고추' 등의 상징적 언어를 사용하는 것보다는 언어 그 자체를 그대로 사용하는 것이 아이들로 하여금 비뚤어진 생각을 하지 않게 해 교육적으로 좋다.

마지막으로 에릭슨은 아이들이 비밀 기관에 대해 가정에서 하는 언어와 밖에서 하는 언어를 구분할 줄 알도록 하라고 조언했다.(출처: 베이비

뉴스) 또한 문화적 배경은 다양하지만 같은 문화권에 속한 부모들은 아이에게 말할 때 리듬을 지닌 동일한 어조를 사용한다. 부모가 말하는 방식에 사랑이 어려 있으면 아이의 집중력은 활발해진다. 그러한 방식은 말과 그 말이 의미하는 대상을 연관시키는 속도를 더 빠르게 하는 데 도움이 되는 것으로 여겨진다. 아이는 끊임없이 "나에게 말해 주세요!"라고 외치고 있는 것이다. 이 시기의 아이들은 말과 함께 전달되는 음색과 음량으로 집중할 것인지를 결정한다. 그래서 유치원 선생님은 항상 상냥하고 부드러운 어조로 선생님은 '너를 사랑하고 관심이 많아.'라고 끊임없이 사인을 보내는 것과 같은 방식으로 아이를 대하는 것이다.

이 시기에 한 가지 짚고 넘어가야 할 중요한 점은 자기중심적 사고가 형성되는 매우 중요한 시기인데 엄마와의 사이에 감정적 애착이 형성된다는 것은 이미 기정사실화 되어 있다. 이러한 안정된 유대가 형성되어 있는 아이들은 부모와의 유대 속에서 안정감을 누리지 못하는 아이들보다 다른 사람들과 더 잘 지낸다. 정신이 외부의 영향을 받기가 매우 쉬운 이 중대한 시기에 아이가 관심을 소홀히 받게 되면 어떤 현상이 나타날 수 있는가? 20여 년에 걸쳐 267명의 엄마와 그들의 자녀들을 추적 조사한 마타 패럴 에릭슨은 이러한 견해를 제시한다. "자녀가 관심을 소홀히 받게 되면 장기간에 걸쳐 서서히 의욕을 상실하여 결국 다른 사람들과 관련을 맺거나 세상을 탐구해 보려는 의지가 거의 사라져 버리게 된다."

텍사스 아이 병원의 브루스 D. 페리(Bruce D. Perry) 박사는 감정적으로 관심을 소홀히 받을 때 초래되는 심각한 결과에 대한 자신의 견해를 이러한 예를 들어 설명한다. "아이를 데려다가 몸에 있는 모든 뼈를 부러뜨리든지 아니면 2개월간 감정적으로 소홀히 여기든지 둘 중에 하나를 택하라고 하면, 나는 몸에 있는 모든 뼈를 부러뜨리는 편이 아이에게 더 낫다고 말할 것이다." 어떻게 그럴 수 있을까? "뼈는 다시 붙을 수 있지만, 아이가 매우 중요한 두뇌 자극을 받는 시기를 놓치면 두뇌가 영구적으로 조직이 안 된 상태로 있게 될 것"이라고 페리는 생각한다. 모든 사람이 그러한 손상이 회복 불능이라는 견해를 가지고 있는 것은 아니다. 하지만 과학 연구 결과들이 지적하는 바에 따르면, 아이의 정신에는 감정을 풍부하게 해 주는 환경이 꼭 필요하다.

언뜻 생각하기에는 무척 간단해 보일지 모른다. 자녀에게 좋은 환경을 제공하고 돌보아주면 잘 자라게 될 것이라니 말이다. 하지만 애석하게도, 자녀를 제대로 돌보는 법을 이해하는 것이 항상 그렇게 쉬운 것만은 아니라는 사실을 부모들은 잘 알고 있다. 효과적인 양육 방법을 항상 직관적으로 알아낼 수만은 없기 때문이다. 한 연구에 따르면, 조사 대상이 된 부모의 25퍼센트는 그들이 자녀를 대하는 방법에 따라 자녀의 지능과 자신감과 학습 의욕이 향상되거나 저하될 수 있다는 사실을 모르고 있었다. 따라서 이러한 질문이 생긴다. '자녀의 잠재력을 키워 주는 가장 좋은 방법은 무엇인가? 또한 어떻게 적절한 분위기를 조성해 줄 수 있는가?' 유치원 시기와 연계되면서 이어지는 교육이 초등 1학년이다. 이 시기의 특징은 유치원 시기와는 차원이 다른 방식의 학교교육이 이루어지고 부모 입장에서도 유치원과정과는 다른 부모의 역할과 노력이 요구된다. 다음 초등교육이 시작되는 발달과정 중 구체적 조작기의 특징들이다.

구체적 조작기(concrete operational stage / 7~11세)

가. 아이가 사고를 논리적으로 조작할 수 있는 능력을 획득하는 시기이다. 아이가 이때부터는 유치원 시기와는 다른 인지활동을 수행할 때 그 대상을 직접적으로 조작하지 않고도 이전의 경험을 토대로 그 의미를 생각하여 정신적으로 수행하는 것을 말한다.

나. 구체적 조작기의 가장 큰 특징은 가역성(reversibility)시간이 흐르는 동안 물체의 운동이 변화했을 때 시간을 거꾸로 되돌린다면 처음의 물체 상태로 되돌아갈 수 있는 성질을 말한다. 이때 외부나 자신 모두에게 어떤 변화를 남기지 않아야 한다. 획득과 탈 중심화(decentering: 자신과 타인의 관점에서 모든 가능한 측면에 주의를 배분하여 대상에서 얻어진 정보를 통해 보다 적절한 추론을 끌어내는 것을 탈 중심화라 한다)로 과학적인 추리가 가능해진다.

다. 보존개념을 비롯하여 분류와 서열의 개념인 유목화(같은 종류
의 개념군을 이해할 수 있다고 해석할 수 있으며 한자로는 類
(무리류), 目(눈 목), 化(될 화)를 풀어 '사물의 무리 군을 이해
할 수 있는 능력'이라고 볼 수 있다. 예)각기 다른 액수의 동전
이나 지폐를 쥐어주었을 때 기본적으로 동전과 지폐의 다름을
이해하고 동전은 100원과 500원짜리를 구분하며 지폐도 각각
의 액수를 분류하여 구분하는 행동 같은 모양의 구슬이라도
쇠구슬과 유리구슬을 구분할 정도의 수준 등을 말한다.) 개념
을 형성한다.

라. 사회적인 사고가 가능해져 자기중심성을 탈피하고, 도덕적인
판단을 하며, 꿈이 실제가 아니라는 것을 믿게 된다.

마. 관찰 가능한 구체적인 사물이나 구체적인 행위에 대해서만 체
계적으로 사고하는 능력을 가지고 있어서 구체적 조작기라고
부른다.

형식적 조작기(formal operational stage11세 이상)

가. 추상적이고 가설적인 수준에서도 체계적으로 사고할 수 있는
능력을 발달시킨다.

나. 관찰할 수 없는 가설적이고 추상적인 개념에 대해서도 이해가

가능해진다.

다. 가설-연역적 인지구조를 획득하게 되어 명제적인 사고가 가능
하다.

과거 언제부터인지는 모르겠으나 우리 문화에는 아이가 태어나서
생후 100일이 되면 백일잔치, 생후 1년이 되면 돌잔치를 한다. 생각해보
면 부모에게 아이는 축복이고 상이다. 그런 소중한 내 아이가 아무 탈 없
이 건강하게 자라주는 것은 큰 기쁨일 것이다. 왜 이런 풍습이 자연스럽
게 우리문화에 정착하게 되었을까? 과거 오랜 옛날에는 질병도 많았고
예방의학도, 의학적 상식이나 위생에 대한 정보 수준이라는 것이 수준이
라고 언급하기도 어려울 정도로 그저 입에 풀칠하기 바쁜 시대에 살면서
하루하루를 견디듯 살았을 것이다.

당연히 이러한 환경에서 아이 사망률은 상당히 높았다. 그러니 내
아이가 백일이나 돌까지만 살아준다면 어느 정도 면역도 만들어지고 건
강하게 살 가능성이 높아진 것이다. 부모에게 이보다 행복한 일은 없을
것이다. 그러니 여유가 좀 있다면 형편이 어려워도 생활형편에 맞게 아이
의 건강을 기원하며 일가친척과 마을 사람들과 함께 그 기쁨을 나누고자
했을 것이다.

그러나 우리가 사는 이 시대는 환경이 많이 달라졌다. 질병도 많

이 정복되었고 예방의학이나 위생에 대한 의식도 과거와는 많이 다르다. 따라서 아이 사망률은 과거와는 비교할 수 없을 정도로 낮다. 필자의 견해로는 백일이나 돌잔치를 하기 보다는 시대의 변화와 더불어, 아이가 태어나서 또 다른 세계를 경험하는 신비로움에 옹알이를 하고 아이가 눈만 깜박여도 행복감을 느끼는 100일 기념, 걸음마를 할까 말까 두근거리고 기다려지는 돌 기념, 번거롭고 화려함보다는 훗날 자녀가 성장하였을 때, 자랑스럽게 보여줄 수 있는 지적(知的)인 선물을 생각하여서, 엄마 아빠의 가치관을 담은 뜻깊은 추억과 기념이 되도록 첫 번째 유산으로 지혜(智慧)를 남겨줌이 바람직하지 않을까 생각한다.

V.

아이들은 생활경험 속에서
세상을 인식하고 이해해 나간다

영아는 어떻게 세상을 인식하고 이해할까? 영아들은 보통 감각기관을 통해 사물이나 현상을 알아가고, 스스로의 사고를 발달시키며 세상을 이해하게 된다. 따라서 인지발달의 두 가지 큰 유형으로 감각과 지각발달, 사고발달을 나눌 수 있으며, 각각의 하위 유형을 통해 구체적인 특징을 살펴볼 수 있다.

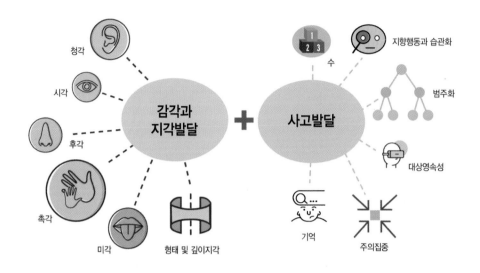

그림 39 영아의 감각과 사고 발달

영아는 감각기관을 통해 자극을 받아들이고, 영아는 이러한 자극을 해석하고 조직하면서 세상을 인식한다. 주변으로부터의 모든 자극이 세상을 이해하는 방법, 즉, 지각(perception)을 하는 방법이기에 감각 및 지각발달이 이루어지게 된다. 또한 영아가 세상을 이해하는 방식에는 여러 가지가 있다. 지향행동과 습관화, 주의집중, 감각운동적 지능, 물체 개념, 물체 간의 인과성과 관계, 수, 범주화, 기억 등이 그것이다.

• 시각

시각은 영아의 감각능력 중 가장 늦게 발달하지만 영아가 받아들이는 정보의 80%가 시각을 통해 들어오므로 시각의 역할이 중요하다고 할 수 있다. 생후 1개월이 넘어야 물건에 초점을 맞추는 능력이 생기며 생후 14주경이 되면 초점을 맞추기 위해 양 눈을 조정하기 시작한다.

색을 알아보는 능력의 경우, 처음에는 녹색과 적색 두 가지만을 구별할 수 있다. 3개월경에는 스펙트럼에 있는 붉은색, 초록색, 노란색 계통을 구별할 수 있기에 성인과 비슷한 정도의 색 지각능력을 보인다. 또한 영아는 특정 색을 선호하는 경향이 있는데 3개월경에는 파랑이나 초록보다는 노랑, 빨강을 더 선호하며 원색을 다른 색보다 더 오래 쳐다보는 특징을 가진다.

• 형태 및 깊이 지각

프란츠(Robert L. Frantz, 1925-1981)는 1963년 연구를 통해 아이는 전체보다는 부분을, 정지된 것보다는 움직이는 것을, 흑백보다는 컬러를, 직선보다는 곡선을 더 선호하는 경향을 보인다고 하였다. 일반적으로 단순한 것을 좋아하다가 점차 복잡한 것을 좋아하며, 밝은 색과 대비가 강한 것, 일정한 패턴이 있는 것과 크기가 큰 것을 더 좋아하는 특징을 보인다. 깊이지각은 영아가 장애물이나 절벽 등과 같은 위험 요소를 피할 수 있는 것을 말한다. 실제 착시현상을 일으켜 절벽처럼 보이게 바닥을 꾸민 후 영아를 움직이게 했을 때, 영아가 절벽 근처에서 멈추고 머뭇거리는 모습을 보여, 영아에게도 깊이지각 능력이 있음을 확인하였다.

• 청각

영아의 청각능력은 이미 임신 4개월경부터 반응을 하기 시작한다. 그리고 출생 전에 이미 완전하게 청각이 발달하게 된다. 영아는 이러한 청각 능력을 물체의 위치를 파악할 때도 사용하기도 한다. 예를 들어, 어두운 방에서 15cm 정도의 거리를 두고 딸랑이를 흔들었을 때, 그 방향으로 몸을 움직여, 이를 통해 영아가 위치를 파악하는 데 소리를 이용할 만큼 청각이 발달하였음을 알 수 있다.

• 후각

인간은 태어나면서부터 여러 가지 냄새를 구별할 수 있는데 영아 역시 마찬가지이다. 영아는 얼굴 표정과 신체 움직임으로 냄새를 표현하는데, 예를 들어 영아는 달콤한 냄새가 날 때, 만족스럽고 편안한 표정을 짓지만, 썩은 달걀 냄새나 암모니아 냄새가 날 때는 얼굴을 찡그리고 돌리는 반응을 나타낸다. 또한 엄마의 젖 냄새로 엄마가 자신과 가까이 있음을 밝힌 연구결과를 통해 영아조차 후각능력이 발달되어 있음을 알 수 있다.

• 미각

영아에게 미각은 굉장히 예민한 편이다. 이미 태어나면서부터 맛을 구별하기 때문에 단맛은 입맛을 다시며 빨아먹지만 시고 쓴 것은 얼굴을 찡그린다. 생후 2-3개월이 되면 자기 나름대로의 좋아하는 맛이 생기고, 4개월이 되면 짠맛을 좋아한다. 2세 말경에는 미각이 더욱 예민해져, 영아는 맛에 대한 기호를 결정한다.

• 촉각

촉각 역시 출생 전에 이미 충분히 발달되어 출생 시 신생아조차도 성숙한 촉각을 가지고 있다. 영아는 촉각을 통해 사물을 이해하기도 하고 대인관계를 형성하기도 한다. 특히 입이나 손과 같이 자신의 신체를 이용해 물체를 직접적으로 만지는데, 이를 통해 물체를 탐색하고 안정감과 신뢰감을 얻는다.

• 지향행동과 습관화

영아는 강하고 새로운 자극을 주면 놀라는 반응을 보이고 주어진 자극을 응시하여 자극에 주의를 기울이는 모습을 보인다. 그러나 같은 자극을 계속해서 반복하면 더 이상 그 자극에 반응을 보이지 않는데, 바로 습관화가 되었기 때문이다.

- **주의집중**

인간은 깨어있는 동안 엄청난 양의 정보가 포함된 자극을 끊임없이 받아들이고 있으나, 영아는 정보를 처리할 수 있는 능력이 제한적이므로 일부분만 처리한다. 이때, 많은 정보 중에서 선별과 집중을 통해 수많은 자극, 정보에서 특정한 것을 선택, 처리하는 선택적 주의가 나타난다. 이러한 주의집중력은 연령이 높아질수록 증가한다. 예를 들어, 1세 영아 같은 경우 새로운 트럭을 주고 트럭에 주의집중을 하게 한 후 TV를 틀면 곧 산만해지지만, 3세 영아는 보다 더 트럭에 집중하는 모습을 보인다. 이렇게 정보나 자극이 익숙해지면 습관화가 나타나며 이 과정을 반복하며 학습을 하게 된다.

- **수**

영아가 수에 대한 인식능력이 어떠한가에 대해 많은 학자들이 연구를 하였다. 연구 결과를 보면, 4~7개월 된 영아는 2-3개의 적은 수에만 관심을 보였는데 이를 통해 적은 수만을 인식할 수 있음을 알 수 있다. 또한 이러한 인식 역시 성인이나 아이가 인식하는 것과는 다르다. 수에 대한 지식이 있다기보다는 단순히 수가 많고 적음의 차이를 알고 있는 정도에 불과하다고 할 수 있다.

• 범주화

범주는 물건을 집단으로 묶어나 구분을 짓는 것이다. 영아의 경우 시각이나 청각과 같은 지각적 특성을 바탕으로 6개월 정도가 지나면 범주화가 가능해진다. 주로 모양이나 색, 상대적인 크기 등을 비교하며 분류하거나 특징을 구분하는 특성을 보인다. 9~11개월이 되면 식물, 동물, 가구 등의 차이를 알게 된다. 범주화 역시 연령이 증가하면서 더 구체적인 범주화가 가능해진다.

• 기억

피아제는 영아에게 기억능력, 즉 기억으로부터 정보를 끌어내는 능력은 없다고 보았으나, 이후 많은 학자들은 영아를 대상으로 기억에 관한 실험을 하였고, 실제로는 영아들이 과거의 일을 회상하고 행동하는 지연모방능력이 있음을 밝혀내었다. 또한 성장하면서 정보를 기억할 수 있는 시간이 길어지기 때문에 11개월 된 영아는 3개월 이전의 일을, 16개월 된 영아는 8개월 전의 일을 회상할 수 있다고 하였다.

- 대상영속성

영아는 물체에 대한 이해를 기초로 물리적 세상을 알게 된다. 물체에 대한 개념 형성의 핵심이 바로 대상영속성이며, 또 다른 말로 물체영속성이라고도 한다. 대상영속성은 현재 눈앞에 물체가 보이지 않는다 해도 그 물체는 계속 존재하고 있다는 사실을 아는 것이다. 대상영속성은 영아가 사라진 물건의 이동에 대해 마음 속으로 상상할 수 있어야 하기 때문에, 보통 감각운동기의 마지막 단계에서야 완전히 획득할 수 있다.

그림 40 대상영속성 실험 예시

인지 탄탄 – 동글 뽀족 모양 놀이

영아들은 주변을 탐색하면서 개념을 획득하고 범주화하는 경험을 하게 됩니다. 색깔이나 모양에 관심을 보이면서 비슷한 것을 모으게 되고, 점차 다른 것에도 관심을 가지면서 초보적인 분류가 가능해집니다. 20개월 전후로 분류 활동을 즐겨하면서 개념도 함께 발달하는데, 같은 모양, 같은 색, 같은 크기를 변별하는 활동은 영아의 인지 발달에 도움을 줍니다. 동글 뽀족 모양 놀이를 통하여 영아들은 다양한 모양에 관심을 갖고 크기, 색깔을 비교하게 되며, 주변의 여러 모양에도 적용할 수 있습니다. 영아가 이해하기 쉬운 어휘로 동그라미, 세모, 네모와 같은 모양에 관한 어휘를 사용하며 다양하게 분류해볼 수 있는 기회를 제공하는 것이 좋습니다.

창의 탄탄 – 보들보들 병아리 농장

보고 듣고 만지고 느끼면서 주변을 알아가는 영아들에게 감각은 매우 중요한 수단 중 하나입니다. 영아기에 감각을 활용한 활동은 다양하게 느끼고 차이를 변별하는 것뿐만 아니라, 속성에 대해 이해하고 비교하면서 개념을 확장시켜나가는데 있습니다. 보들보들 병아리 농장에서 영아들은 농장에서 기르는 동물에 대해 관심을 갖게 됩니다. 우리 생활에 도움을 주는 동물도 있고, 함께 생활하는 동물도 있으며, 농장은 어떤 곳인지 하나씩 개념을 획득하게 됩니다. 월령이 높은 영아들에게는 감각 위주의 활동 외에도 울타리 안과 밖, 숨어있는 지렁이를 찾아보는 등 눈에 보이지 않아도 대상이 있다는 것을 느끼고 찾아보는 탐색 활동도 인지 발달에 도움이 됩니다. 활동을 통하여 영아들은 다양한 감각으로 개념을 발달시킬 수 있고, 울타리 안과 밖, 겉과 속, 촉감에 관한 여러 개념과 어휘들을 확장하는데 도움이 됩니다.

미적요소 탐색놀이 - 빨노파 혼합놀이

출생 후 시각은 다른 감각에 비해 가장 늦게 발달하는 것으로 2~3개월 이후 색에 대한 반응이 나타납니다. 영아 전기에 기본적인 삼원색을 구분하고 빨강, 노랑, 주황색과 같은 밝은 색을 더 선호하게 됩니다. 이러한 과정을 거쳐 유아기에 들어서면 유아들은 보다 다양한 색에 관심을 갖게 됩니다. 성인만큼 색을 구분하고 변별할 수 있으며 같은 색으로 분류하고 짝지을 수 있습니다. 이런 능력이 발달하고 난 후 색 이름을 정확하게 말할 수 있는 단계로 발달하며, 밝기나 농도 차이보다는 색조의 차이로 구분하게 됩니다. [빨노파 혼합놀이]는 유아들에게 익숙한 삼원색을 이용하여 다양한 색을 만들어보는 놀이입니다. 색을 변별하고 색 이름을 말해보면서 다양한 색깔지각 능력을 발달시키는데 도움을 줍니다. 그리고 색깔을 혼합했을 때, 어떠한 변화가 나타나는지 알아보고 새로운 색을 탐색하고 이름을 알아보도록 합니다. 연령이 낮은 유아들에게는 새로운 색 이름과 특징을 탐색하는 것으로, 연령이 높은 유아들은 색을 혼합하기 전과 후를 예측해보고 변화 과정을 탐색하는 것이 좋습니다.

생활상상 탐구놀이 - 우리 동네 입체지도

유아들의 자기중심적인 사고는 공간과 위치 개념에도 많은 영향을 주고 있습니다. 자기의 위치를 기준으로 주변 대상과 사물을 바라보는 유아들의 사고는 정확한 공간개념을 이해하는데 어려움이 있으며, 자신이 바라보는 것과 다른 위치의 사람들이 바라보는 것이 똑같다고 생각하는 타인 관점의 이해가 어렵습니다. 즉 다른 사람의 입장이나 사고, 생각을 이해하는 조망수용능력과 관련 있으며, 유아기에는 아직 충분히 발달하지 않습니다. [우리 동네 입체지도] 활동은 이러한 공간, 위치에 대한 이해뿐만 아니라 타인의 관점을 이해하는데 좋은 활동입니다. 생활 속에서 지도를 보거나 필요성을 느끼기 어려운 유아들에게 친숙한 우리 동네의 지도를 활용하여 공간, 위치, 방향을 알아보고 관심 있는 곳을 표현하도록 격려합니다. 연령이 낮은 유아들은 친숙한 건물, 대상을 위주로 표현하는 것에 더 중점을 두고 연령이 높은 유아들은 다양한 위치에서 바라보는 대상들이 어떻게 보이는지 살펴보는 것이 좋습니다. 유아 후기에는 오른쪽과 왼쪽, 앞과 뒤, 몇 번째에 있는 건물인지 함께 이야기를 나누면서 공간지각능력을 발달시키도록 돕습니다.

상상력으로 생각하기 – 상상 포트레이트

유아들이 경험하는 대상이 다양해지면서 호기심도 점차 늘어나고 탐색하는 시간, 경험도 많아지게 됩니다. 친숙한 것에서부터 상상에 이르는 것까지 다양한 대상들을 지각하고, 기억하고, 문제 해결에 활용하면서 유아들의 인지는 발달하게 됩니다. 유아기에 접어들면서 유아들은 상상력이 발달하게 됩니다. 책이나 꿈에서 보았던 것이 실제로 존재할 것이라 생각하기도 하고 색, 형태와 유사한 점들을 연결하여 새로운 상상 속 사물, 대상을 만들어내기도 합니다. 사물의 같은 점과 다른 점을 변별하고 분류할 수 있는 유아 후기에 들어서면 한두 가지 이상으로 분류하면서 특징을 변별하는 능력이 발달하게 됩니다. [상상 포트레이트]는 우리 주변에서 볼 수 있는 다양한 색, 형태, 크기의 대상을 관찰하면서 비슷한 점, 다른 점들을 구분해보는 것부터 시작합니다. 유아들이 기억하는 것과 비교하여 비슷한 것을 분류하고 차이점을 변별하는 과정을 경험합니다. 연령이 높아지면서 한 가지 측면에 주의를 집중하는 선택적 주의 집중능력이 가능해지고, 한 가지 주제로 상상하여 관련된 것들을 찾아 모아볼 수 있으며, 새로운 구성물을 만들 수 있게 됩니다. 유아들에게 친숙한 다양한 과일과 채소의 색, 모양, 크기 등을 변별하고, 이를 활용, 조합하여 한 가지 대상을 만들 수 있습니다. 오이 같은 코, 방울토마토 같은 눈, 브로콜리와 같은 머리, 옥수수와 같은 입으로 유아들은 상상 속 얼굴을 표현할 수 있게 됩니다.

Chapter

05

I.

아이들마다 타고난 기질이 있다

1. 기질의 개념 및 유형

기질은 개인이 주변 환경이나 타인과 상호작용하는 특정한 행동양식이다. 출생 직후부터 영아는 매우 다른 모습을 보인다. 작은 자극에도 잘 울고 예민한 영아가 있는가 하면, 잘 웃고 쾌활한 영아도 있다. 또한 낯선 자극에 쉽게 다가가는 영아가 있는가 하면, 낯선 자극을 매우 불안해하고 피하려는 영아도 있다. 이처럼 영아는 제각각 세상에 반응하는 방식이 다른데,

이와 같이 개인의 행동을 특징짓는 기본적인 양식이 기질인 것이며, 기질은 전 생애에 걸쳐 비교적 안정적인 경향을 보인다.

기질에 대한 연구는 1950년대 후반부터 시작된 토마스와 체스(Alexander Thomas & Stella Chess)의 뉴욕종단연구가 시초라고 할 수 있다. 이들은 종단연구를 통해 9개의 기질 구성요소를 밝혔고, 이를 근거로 하여 기질을 세 가지 유형으로 분류하였다.

토마스와 체스(1970)의 기질 유형	
기질의 유형	특징
순한(easy) 기질	• 생리적 리듬이 규칙적이며(규칙적인 수유와 수면) 새로운 환경에 쉽게 적응하고, 대체로 기분이 좋다. • 행복하게 잠을 깨고 장난감을 가지고 혼자서도 잘 놀며, 쉽게 당황하지 않는다. • 낯선 사람에게도 미소를 보이며 이들로부터 음식도 잘 받아 먹는다. • 항상 즐겁고 조용하며 순한 특성을 보여 큰 어려움이 없으나, 아이가 순한 만큼 평소 자신의 감정 상태에 대해 말을 하지 않거나 솔직하지 않을 수 있다. • 연구대상의 약 40%에 해당한다.
까다로운(difficult) 기질	• 생리적 리듬이 불규칙하고 새로운 환경에 적응하는 것이 느리며, 강렬하게 많이 우는 경향이 있다.

까다로운(difficult) 기질	• 낯선 사람을 보면 피하고 새로운 음식은 뱉어내기도 한다. • 기분 표현을 강하게 하는 편이기 때문에 조그마한 좌절에도 강한 반응을 보인다. • 주변 환경이나 또래에 불편함이나 불만을 느끼기 쉬우며 이를 분노로 표현하는 모습을 보인다. • 자기주장이 강하기 때문에 스스로 일처리를 잘하고 호기심과 창의력이 높은 편이다. • 연구대상의 약 15%에 해당한다.
반응이 느린 (slow to warm-up) 기질	• 반응 강도가 약하며, 새로운 자극에 잘 반응하지 않는다. • 생리적, 일상 생활습관은 순한 기질의 아이보다는 불규칙적이지만 까다로운 기질의 아이보다는 규칙적이다. • 환경에 대한 적응력이 떨어지고 낯선 사람이나 사물에 대해 부정적인 반응을 보인다. • 기질적으로 낯가림이 있기 때문에 새로운 환경이나 상황을 불편해 한다. 특히 후천적으로 자신에게 집중이 주목된 경험이 부정적이었을 경우에는 지나치게 수줍음을 느끼고, 상황을 회피하려는 특성을 보이기도 한다. • 잘 짜인 상황이나 규칙적인 틀 안에 있는 것을 좋아하기 때문에 뭐든지 습관이 되면 잘 해내는 특성을 가진다. • 연구대상의 약15%에 해당한다.

　　실제로 이 세 가지 유형 중 가장 다루기 힘든 '까다로운 기질'의 유형에 포함된 유아는 70%가 학교나 단체생활을 하는데 문제행동을 보인다고 한다. 또한 '반응이 느린 기질'에 해당하는 아이들은 부모들이 유아기 때 키우기 쉬워하고 별다른 문제도 일으키지 않기 때문에 부모의 관

심도 적게 받는 경향이 있는데, 이들 중 50%가 학교생활이나 사회생활을 하는데 문제를 드러냈으며, 특히 능동적이고 적극적인 적응을 요구하는 또래 집단에서 문제가 많았다고 하였다.

2. 기질 유형에 따른 부모의 양육법

토마스와 체스의 기질에 대한 연구는 영아기 때부터 보이는 행동차이에 대해 관심을 가지고 기질을 미리 파악을 한다면 나중에 유아가 겪을 문제를 조금이라도 줄일 수 있다고 하였다. 즉, 영아에게 효과적으로 적용되는 양육법이 서로 다르기 때문에, 부모나 양육자는 영아의 기질 유형을 파악하여 그에 따른 양육법과 태도를 지니는 것이 중요하다는 것이다. 부모의 태도와 영아의 기질은 쌍방향으로 영향을 주며, 영아의 발달은 타고난 기질과 환경에 따른 기질간의 상호작용의 결과라고 할 수 있다. 예를 들어, 수줍고 소심한 기질을 가지고 태어났다 하더라도 새로운 상황에 유연하게 대처하는 환경에서 양육된다면 소심한 기질은 점차 소멸되는 반면, 사교적이고 과감한 기질을 타고 태어났어도 지나치게 스트레스를 주는 환경에선 소심한 영아가 된다. 그만큼 부모의 양육태도와 영아의 기질과의 관계는 밀접하다는 것을 알 수 있는데, 그렇다면 부모가 각

기질별로 어떠한 양육행동을 취하는 것이 좋은지 알아보기로 한다.

기질의 유형	부모의 양육법
순한(easy) 기질	• 순한 기질의 아이들은 다른 기질 유형의 아이들과 비교했을 때 양육이 편할 수 있다. 하지만 아이가 순하다고 부모의 편의대로 키우다 보면 오히려 발달에 좋지 않은 영향을 끼치게 된다. 언어발달과 운동발달이 늦어지는 것은 물론, 자존감도 낮아지며, 소심해서 정서적으로 상처를 받을 수도 있다. 이는 순한 기질의 아이들이 자신의 욕구보다 부모의 욕구에 따르는 경향이 있기 때문이다. • 평소 아이의 감정 상태에 대해 관심을 많이 가져 물어보고 솔직하게 표현할 수 있게 도와주어야 하며 아이가 속내를 표현했을 때 부모는 어떤 것이든 충분히 공감해주어야 한다.
까다로운(difficult) 기질	• 신생아 때부터 먹고 자는 것도 일정치 않고 예민하며 겁이 많아 위축되어 있지만, 부모가 적절하게 양육을 하면 자신감 있고 사회성 있는 아이로 충분히 변할 수 있다. 그러기 위해서 부모는 아이의 예민한 감각을 존중할 필요가 있다. • 까다로운 기질의 아이들은 스스로 해내려는 경향이 강하기 때문에 자신의 생각과 행동에 부모가 관심 갖기를 바라고, 자신이 잘하는 것을 부모가 인정해주기를 원한다. 이런 면을 고려하여 부모는 보다 민감하게 신경을 써주고 관심을 가져주는 태도가 필요하다. • 부모가 감정적, 본능적으로 반응을 하게 되면 서로에게 부정적 영향을 끼치기 때문에, 이 상황에서는 하루 10분만이라도 아이와 떨어져 시간을 갖는 것이 필요하다.

반응이 느린 (slow to warm-up) 기질	• 보상에 대한 욕구가 강하지 않기 때문에 아이에게 보상을 하려면 아이의 의견을 반영하고 동의를 얻는 것부터 시작해야 한다. • 일반적으로 부모를 귀찮게 하는 일은 드물지만, 혹시 문제를 일으킨다면 그건 부모가 자신의 입장에서 문제를 해결하도록 지시하거나 명령했을 확률이 높다. 때문에 아이에게 적당한 주도권을 주는 것이 좋으며, 부모가 주도하게 되면 오히려 반응이 느린 기질의 아이들이 가지고 있는 단점을 강화시키는 상황을 만들게 된다. • 처음부터 잘하기를 요구하지 말고 자유로운 분위기에서 주도권을 주고 작고 쉬운 일부터 스스로 하도록 하는 자세가 필요하다.

모든 기질에 공통되는 양육 방식은 바로 아이가 스스로 자신을 표현하고 행동할 수 있게 해야 하며, 부모는 그러한 아이를 관심 있게 바라봐주어야 한다.

3. 기질 유형에 따른 교사의 지도법

일반적으로 아이들은 부모와 많은 시간을 보내지만, 교육기관에서 보내는 시간 역시 늘어나면서, 아이들의 발달에 있어 교사의 역할 역시 중요하게 여겨지고 있다. 그 역할이 중요해지는 만큼, 교사들은 어떠한 태도로 아이를 대하고, 개별 아이에게 어떻게 접근해야 하는지 알 필요가 있다. 그렇기 때문에, 부모와 마찬가지로 교사 역시 아이의 기질을 파악하고 개인별 기질에 따라 적합한 보육방법을 선택해야 한다.

기질의 유형	교사의 지도법
순한(easy) 기질	• 교사는 순한 기질의 영아에게 일상적이면서도 따뜻한 상호작용을 통해 교사와 친밀감을 높이는 것이 중요하다. 친밀감을 높인 후 아이의 마음을 표현할 수 있게 연습을 하는 것이 좋으며 어렵게 자신의 감정과 의견을 표현했을 때는 충분히 공감해 주어야 한다.
까다로운(difficult) 기질	• 기질적 요인으로 기분이 가라앉기 때문에, 그로 인해 가장 힘든 사람은 영아 본인임을 이해하고 배려해야 한다. • 기분이 좋지 않은 것은 타고난 것이기 때문에 굳이 바꾸려 하기보다는 수용하고 이해하는 것이 영아를 더 편안하게 하는 방법이 된다. • 많은 부분에 불편함을 느낄 수 있기 때문에 놀잇감 선택, 공간 이동 등에 대해 다른 영아보다 미리 알려 주고 선택할 수 있도록 하는 것도 좋다. • 보다 수용적이고 민감한 상호작용을 제공해야만 안정감을 느낀다. • 무엇보다도 까다로운 기질은 부모의 영향을 받아 형성되었을 가능성이 크다. 부모가 영아의 감정을 읽어주고 달래준 경험이 부족하거나 부모의 모습을 보고 자랐을 경우에도 영아가 까다로운 기질을 가질 확률이 높다.

기질에 따른 교사의 지도법

	교사는 영아의 부모님과 개별적인 면담을 가져 영아의 기질이 부모와 연관된 것이 아닌지 확인을 해야 한다. 만일 관련이 있다면, 부모 스스로 자신의 분노 폭발 모습이 영아에게 영향을 끼친다는 사실을 인식할 수 있게 돕고 부모의 정서 상태를 알아보고 부모 교육을 실시하는 것도 한 방법으로 볼 수 있다.
반응이 느린 (slow to warm-up) 기질	• 성격이 급한 교사의 경우 느린 기질의 유아를 불편해하고 그 불편함은 유아에게도 고스란히 전해지기 때문에 유아가 자신의 속도대로 표현하고 익숙해질 때까지 충분히 시간을 주고 천천히 접근하는 방법이 필요하다. • 유아의 부끄러움이 일반적이라는 것을 지지해줘야 한다. 다른 친구들 역시 긴장을 하기도 한다는 것을 말해주고 다른 친구들에게도 부끄러워하는 것에 대해 설명을 해주면서 유아의 생각, 이야기를 듣고 싶다고 하는 등과 같이 함께 힘을 주는 방향으로 유아를 대해야 한다. • 다른 친구들이 다그치거나 부정적인 표현을 하지 않게 교사가 도와야 한다. 혹 실패를 하더라도, 경험이라는 면을 강조하며, 시도한 것 자체에 대해 긍정적인 격려를 해주는 것이 중요하다. • 친구들이 많을수록 위축될 수 있기 때문에, 교사와 둘이 따로 자리를 만들어, 자신감을 불어넣고 차근차근 이야기를 나누는 과정이 필요하다. • 너무 과장된 반응을 보이지 않아야 한다. 칭찬도 적절히 하고, 부정적 상황에서도 덤덤하게 넘어가는 자세가 필요하다.

II.
놀이로 부적응 행동을 극복해 나가자

1. 부적응 행동의 정의 및 특성

인간은 끊임없는 환경과의 상호작용을 통해 균형 있고 조화로운 관계를 유지해 나간다. 이러한 관계 속에서 성장하고 발달하며 사회화되어가는 존재이다. 그러나 이러한 사회적 관계에서 욕구좌절이나 갈등을 합리적으로 해결하지 못하는 행동을 부적응 행동이라고 한다. 다시 말해 유아가 속해 있는 사회·문화적 환경에서 부모, 교사, 또래들과 적절하고 조화롭게 관계를 유지하지 못하게 될 때 나타나는 행동이 내면화 혹은 외면화되어 심리적, 행동적으로 나타나는 행동이라고 볼 수 있다.

걸음마기 영아가 자신의 욕구가 해결되지 않을 때마다 징징거림이나 짜증을 보이거나 유아가 오랜 시간 기다려야 하는 놀이 순서를 기다리지 못해 문제행동을 보이는 것은 연령 특성상 자연스러운 행동이므로, 행동의 빈도와 강도를 고려했을 때 임상적으로도 문제가 되는 행동인지를 결정해야 한다. 부적응 행동 특성은 공격적 행동 특성, 퇴행성 행동 특성, 신체적 행동 특성 등 크게 세 가지로 분류할 수 있다. 공격적 행동은 싸움이 잦고 타인에게 난폭한 행동이나 거짓말을 잘하며 파괴적인 행동을 예사로 하는 특성을 가진다. 퇴행적 행동은 매우 수줍어하고 항상

그림 41 놀이중심교육의 방향

우울해 보이며 잘 울거나 사소한 일에 지나친 공포심을 나타내며 자기중심적인 행동을 보이는 것이다. 신체적 행동 특성으로는 손톱을 깨물고 경련을 일으키고 머리카락을 잡아당기며 목소리가 높고, 항상 말을 더듬으며 복통과 두통을 자주 일으키는 행동 등을 들 수 있다. 놀이는 이러한 문제를 상당부분 해결하는데 도움이 된다.

대표적인 아이 부적응 행동의 예

	특성
1	심한 위축으로 현실 상황보다 자신의 유아적 세계에 빠져있다.
2	심한 과잉행동을 보이며 쉽게 주의가 산만해지고 집중력이 떨어진다.
3	교사에 대해 매우 도전적이고 거부적이며 적대적이다.
4	대인 관계에 어려움을 느낀다.
5	물건을 잘 부수고 파괴하는 성향을 띤다.
6	감정변화가 빈번하고 강렬하며, 사소한 일에도 마음이 잘 동요되고 불안해하며 두려워한다.
7	한자리에서 맴돌거나 양손을 쥐어틀든지 혹은 일정한 어느 행동을 계속해서 반복하는 등 특이한 행동습관을 가진다.
8	일상적인 활동에 지장을 초래할 만큼 강박적이다.
9	자신의 행동을 제어할 수 없다.
10	전혀 말을 하지 않거나 특정한 사람에게만 말을 한다.

2. 부적응 행동에 영향을 미치는 요인

유아기 부적응 행동의 원인은 다음과 같이 설명할 수 있다.

첫째, 가정환경 요인으로 특히 부모의 양육태도가 원인이 될 수 있는데 어머니가 애정적인 양육 태도를 나타낼 때 유아의 친사회적 행동이 높으며, 부정적 양육 태도를 보일수록 부적응 행동이 높아지는 것으로 나타난다. 또한 현대사회의 대부분의 부모들은 자녀를 과잉보호하는 경우가 많은데 아이의 욕구나 요구를 그대로 다 해주는 부모 밑의 아이는 자기중심적이고 화를 잘 내며 또래와 적응하지 못하며, 어떤 위험이나 모험을 못하게 하는 부모 밑의 아이는 독립심이 약해지고, 결단력이 떨어지며, 의존심이 많고, 대인관계에는 편협한 행동으로 나타난다. 그리고 부모가 항상 꾸중만 하고 인격을 무시하면 표정이 밝지 못하고 행동이 매우 거칠어져 공격적이며 반항적으로 행동하는 부정적인 아이로 자란다.

둘째, 유아교육기관을 통해 부적응 행동이 나타날 수 있다. 유아교육기관은 집단생활 및 교사를 통하여, 규칙, 질서를 배우며 이에 적응해야 하고 학습활동으로 지식을 습득해야하며 또 래와의 관계를 형성하는 곳이다. 만약 교사가 또래와 비교한 다거나 잘못을 지적하면 아이는 정서적 불안감을 유발하고 교사의 지나친 질책이나 처벌은 아이로 하여금 공포심이나 경계심을 가지게 되며 이는 공격적 증상이나 후퇴현상이 나 타나는 부적응 행동의 원인이 된다.

셋째, 유아기에 쉽게 접하는 TV, 컴퓨터, 스마트폰, 전자게임 등은 유아의 생활리듬이 깨지는 이유가 된다. 비디오게임, 컴퓨터 의 폭력적, 공격적인 게임에 쾌락을 느껴 공격적인 행동이나 성향을 강화하게 되고 지각, 판단력이 흐려지며, 수업에 흥 미를 잃게 되며 중독증에 걸리게 되어 부적응 행동의 원인 이 될 수 있다.

그림 42 문제 행동은 안내되고 교정되어야 바람직한 발달을 이끌 수 있다.

놀이의 힘! 잘~ 놀아야 똑똑한 아이가 된다

그 외 유아의 발달수준이나 기질적인 특성으로 인해 부적응 행동
이 나타날 수 있다.

3. 부적응아 유형별 지도 전략

부적응 아이의 지도는 부모로서 도와주는 건 한계가 있다. 전문적으로
교육을 받은 교사의 도움이 필요하며 아이들의 가정환경, 지적능력, 성장
과정, 탄생상태, 건강상태, 생활경험, 흥미, 특기, 인성, 장래의 희망 등
다방면의 이해가 필요하고, 물리적, 심리적 또는 사회적 환경을 좋게 만
들어주는 것도 중요하다. 또한 또래집단의 영향을 많이 받으므로 또래와
의 상호작용도 원만히 형성되도록 도와주어야 한다.

① 위축·고립된 행동을 보이는 아이

특성	• 주로 혼자서 조용히 놀이한다. • 수줍음이 많고 다른 사람과 상호작용하거나 또래와 함께 노는 것을 회피하는 경향이 있다. 자신을 방해하거나 공격해도 방어하지 않고 회피한다. • 가끔씩 이유 없는 울음을 터뜨린다.

원인	• 기질적으로 까다로우며 낯선 것을 힘들어하는 특성 때문이다. • 수줍음이 많기 때문이다. • 불안의 수준이 높아 스트레스가 많기 때문이다.
지도 전략	• 조금씩 천천히 단계별로 적절한 관심을 보인다. • 아이가 시도하고자 하는 활동의 수준을 사전에 적절하게 조절함으로써 가능한 아이가 성공적으로 수행할 수 있도록 한다. • 위축된 아이는 대개 느리게 반응하는 경향이 있으므로 스스로 시작할 때까지 편안히 기다린다(재촉하거나 강제할 경우 위축 수준은 더 심해짐). • 평상시 아이가 두려워하는 상황을 잘 관찰하여 긴장하거나 두려워하지 않도록 미리 배려한다. • 교사는 가능한 아이와 1:1 상호작용을 통해 친밀한 관계를 형성한다. 아이 스스로 교사가 자기에게 관심을 가져주고 자기를 귀여워해 주며 사랑해 주는 것에 대하여 안정감을 느끼도록 칭찬과 격려를 해주며, 쓰다듬어 주거나 애정을 표시해 주며 눈길을 자주 주고, 손을 잡아 주거나 껴안아 준다. • 발표는 혼자 시키지 말고 4~5명의 친구와 함께 발표하도록 한 후 점차 친구를 줄여 나간다. • 아이 혼자에게 간단한 심부름을 자주 시키거나 칭찬과 격려를 수시로 해 준다. • 아이의 부모가 수줍음 많고 겁 많은 자녀의 특성을 부정적으로 인식하지 않고 기다릴 수 있도록 잘 안내한다.

놀이의 힘! 잘~ 놀아야 똑똑한 아이가 된다

② 공격적 행동을 보이는 아이

특성	• 또래의 얼굴이나 몸을 할퀴거나 꼬집는 행동을 다른 또래에 비해 자주 한다. • 자신의 욕구가 좌절될 때(놀이에 방해될 때) 교사 또는 또래를 때리거나 발로 차거나 문다. 또는 머리를 박는다.
원인	• 자신이 가지고 싶은 물건 혹은 가지고 있는 물건을 지키기 위해서이다. • 상황을 이해하는 능력과 욕구조절능력이 부족하기 때문이다. • 자신의 목적에만 집중하여 주위를 살피지 못하기 때문이다. • 가정에서 그동안 아이의 모든 요구가 수용되었고, 부적절한 행동에 대한 훈육이 제대로 이루어지지 않았기 때문이다.
지도 전략	• 아이들끼리 분쟁이 일어나지 않도록 놀잇감을 디자인과 색깔, 기능이 동일한 것으로 충분히 준비하여 사전에 분쟁을 예방한다. • 공격적인 행동에 대해 철저히 감독함으로써 아이가 교사가 자신을 주시하고 있다는 것을 인식하게 하여 공격적인 행동을 줄인다. 공격적인 행동을 보였을 때는 신속하게 개입하여 중재한다. • 아이가 자신의 욕구를 충족하기 위한 새로운 방법을 학습할 수 있도록 지도한다.(예: 나도 이거 가지고 싶어. 빌려줄래? / 내가 다 하고 빌려줄게. 등) • 교사의 훈육을 무시할 때는 짧고 단호하게 말한다. (예: 친구 아프니까 안 돼.)

지도 전략	• 교사와 또래의 긍정적인 상호작용 방법을 모델링하도록 한다. • 아이가 자신의 감정을 긍정적인 방법으로 전달할 수 있도록 지도 한다.(예: 왜 화가 났는지, 친구를 때리는 것보다 선생님에게 도와 달라고 하거나 친구에게 말로 표현하게 하기) • 아이의 긍정적인 상호작용 행동을 칭찬하고 격려한다. • 다른 사람과 함께 생활해야 하므로 상대를 공격하거나 피해를 입히는 행동을 해서는 안 된다는 것을 일관성 있게 훈육하도록 부모에게 요청한다.

③ 또래를 놀리고 욕하는 등의 언어적 공격을 보이는 아이

특성	• 또래와의 갈등상황에서 적절하지 않은 언어적 표현을 자주 사용한다.(예: 너 죽을래?) • 또래를 약 올리거나 놀리는 표현을 자주 사용하여 또래와의 갈등을 자주 일으킨다.(예: 바보, 멍텅구리)
원인	• 가정에서 양육의 일관성과 바른 생활에 대한 훈육이 부족했기 때문이다. • 언어발달에 비해 낮은 사회성 발달 때문이다. • 리더가 되고 싶은 욕구가 크기 때문이다. • 학업적 성취만 강조한 양육 때문에 아이는 성취하지 못했을 때 불안을 경험하게 되고 이것이 과격한 언어로 표현되었기 때문이다.
지도 전략	• 아이의 거친 언어나 공격적인 언어는 무시하고 긍정적인 표현으로 모델링 할 수 있도록 돕는다.

지도 전략	• 아이 내면의 불안을 해소할 수 있도록 지도한다. 인지적 능력을 발휘한 결과에 대해서만 칭찬하지 않고 아이의 신체적 특성 및 행동, 표정 등의 특징을 격려하고 칭찬하다. 아이가 자신의 성취에 대한 교사의 인정을 요구하는 경우 무시하지 말고 격려하되, 최대한 과장되지 않고 편안하게 격려해 준다. • 교사가 아이의 바람직하지 못한 행동이나 태도를 지적하고 곧바로 훈련을 시키기 보다는 다른 아이들을 존중하는 모델링을 보여주는 것이 효과적이다. 직접적으로 지적하게 되면 낮은 자존감 때문에 반항행동을 할 수 있기 때문이다. • 교사는 아이와 상호작용할 때 경어를 사용하고 아이의 의견을 최대한 존중하며 자연스럽게 존중하는 상호작용을 배우도록 한다. • 다른 아이들에게 언어적 공격에 대처하는 능력을 지도한다. (예: 그러면 내가 기분이 나빠!, 그렇게 말하면 너와 안 놀거야!)

④ 산만함과 과잉행동을 보이는 아이

특성	• 놀이에 흥미가 떨어지면 갑자기 문을 열고 나간다. • 어떠한 자극이 없었음에도 불구하고 또래를 밀어서 넘어뜨리거나 물건을 쓰러뜨린다. • 주의집중력이 매우 낮아 끊임없이 돌아다닌다.
원인	• 기질적으로 움직임이 많은 특성이거나, 내면의 불안, 분노, 스트레스 때문이다. • 충분한 관심과 사랑을 받기 어려운 양육환경 때문이다.

지도 전략	• 안전한 환경에서 아이가 신체적 활동으로 스트레스를 발산할 수 있도록 한다.
	• 교사는 '말'이 아니라 '행동'으로 대상 아이의 이유 없이 뛰는 행동이나 뛰어내리는 행동 등을 통제한다.(예: 높은 곳에서 뛰어내리려고 할 때 손을 잡아주며 안전하게 내려오도록 돕는다.)
	• 어린시기부터 양육자로부터 충분한 관심과 배려를 받지 못했기 때문에 다른 사람과의 상호작용 경험이 부족할 수 있다. 따라서 짧은 시간이라도 교사와 아이가 1:1로 상호작용할 수 있는 시간을 마련하여 아이의 개별적인 특성을 파악하고 신뢰로운 관계를 형성하도록 한다.
	• 이미 짜여진 교육프로그램과 상관없이 아이가 집중할 수 있는 활동을 미리 관찰, 선별하여 항상 준비한다.
	• 규칙준수는 복잡한 질서나 규칙보다 쉽고 간단하게 지킬 수 있는 것부터 최소화된 규칙을 지시한다.
	• 바람직한 행동에 대하여 동료 유아들이 보상을 주도록 하고 과잉행동에 대하여 동료 유아들이 무시하도록 하거나 성공한 적응행동에 대해서는 칭찬문구를 써 붙이거나 상장을 붙여줌으로써 성공보상을 해 준다.

⑤ 교사에게 반항하는 행동을 보이는 아이

특성	• 자신이 하고자 하는 행동을 금지하면 싫다고 반항하거나 소리를 지르거나 화를 내며 분노를 표출하기도 한다.
	• 교사의 지시나 안내를 자주 무시한다.
	• 또래와의 다툼에서 자신의 관점에서만 해결하려고 고집한다.
원인	• 잦은 지적과 훈육상황 때문이다. (아이가 항상 바르게 생활하기를 바라는 마음에 부모가 자주 지적하고 훈육했던 상황)

원인	• 반항행동을 보였을 때 원하는 대로 문제를 해결했던 경험 때문이다. • 심리적인 스트레스(불안, 짜증)가 높기 때문이다. • 타인을 이해하는 능력과 긍정적인 상호작용 방법이 부족하기 때문이다.
지도 전략	• 훈육 시 아이가 자신의 억울함을 충분히 표현할 수 있도록 기회를 주고, 교사가 진심으로 이를 이해하는 태도를 표현한다. • 일상생활에서 아이가 교사의 지시에 순종적일 때 격려하고 칭찬한다. • 다양한 상황에 대해 간접경험을 해 볼 수 있도록 동화를 들려주거나 이야기 꾸미기 활동을 진행한다. 아이가 타인의 관점에서 생각하고 이해할 수 있는 기회를 준다. • 아이 내면의 스트레스와 불안 등을 적극적으로 표출하는 중재 활동을 실시한다. 아이가 신체적으로 충분히 발산할 수 있도록 신체활동을 격려하되 과도하게 흥분하지 않도록 강약을 조절한다. • 아이가 다양한 성인과 상호작용을 할 수 있도록 돕는다. 성인은 아이를 존중하는 말씨를 사용하고 아이의 행동이나 성취를 칭찬하되 구체적인 특성으로 칭찬을 한다.

⑥ 분리불안을 보이는 아이

특성	• 어머니(주 양육자)와 잠시도 떨어져있기 싫어 울고 떼쓰는 행동을 보인다. • 어머니와 떨어지기 싫어서 유치원(교육기관)에 가거나 친구들과 어울려 노는 것에 어려움이 있다.

특성	• 자신의 생각이나 요구를 적절하게 표현하지 못하며 어머니에게 극단적으로 의존한다. • 독자적인 활동을 불편해 하고 어떤 장소에 혼자 가는 것(있는 것)을 피한다.
원인	• 어릴 때부터 성격이 예민하거나 낯가림이 심한 경우 • 부모의 심리적 불안 • 부모의 과잉보호적인 양육태도 • 부모와 불안정한 애착 형성
지도 전략	• 교사는 아이의 요구와 불편한 점을 빠르게 알아차리는 민감성 필요하며, 작은 행동에도 반응하고 그들이 하는 모든 말에 귀를 기울이며 격려하는 지도방법은 아이들이 교사를 더욱 신뢰하고 따르게 할 수 있다. • 아이들은 적응을 하는 과정 속에서 울음을 자주 보이는데, 울음을 그치게 하는 지도방법에는 다른 곳으로 주의 끌기가 효과적이며 영아들이 매력을 느낄만한 놀잇감, 사진, 환경 등이 있다. • 아이들이 자신을 담당하는 교사가 끊임없는 관심을 갖고, 함께 놀아주는 과정을 경험하면서 교사에 대한 불안이 애착으로 변화되고 안정적인 적응단계에 들어서게 된다. • 낯선 환경을 좀 더 친숙하게 느낄 수 있도록 하기 위해 부모의 도움을 받아 아이가 평소 좋아하던 놀잇감을 미리 가지고 와서 교실에 준비해 둔다. • 영아의 가족사진을 교실에 붙여 두면 놀이실 환경에 친숙해지도록 도움을 주고, 분리 후 엄마와의 헤어짐을 건강하게 극복할 수 있도록 돕는다. 또한 커다란 쿠션과 방석은 가정과 같은 분위기를 주며 편안하게 쉴 수 있어 영아에게 안정감을 준다.

4. 개성 존중 & 표현의 차이 이해

놀이교육은 개성 있는 표현과 활동을 중시하는 교육이므로 흥미나 개인차, 경험의 유무 등을 고려해서 발달 수준이나 단계에 알맞은 자료나 적절한 활동을 안내할 수 있어야 한다.

또한 놀이 활동은 개인의 자유로운 감성과 표현이 존중되어지는 분야이기 때문에 개별 유아가 또래나 다른 사람과 예술 표현에 차이가 있음을 알고 각자의 개성과 예술표현을 존중하고 소중하게 생각하며 다루도록 지도해야한다. 이를 위해 부모나 교사 스스로 가치판단적인 표현을 지양하며 자발적 표현을 긍정적으로 격려함으로써 다른 사람의 작품을 소중하게 다루는 모습을 먼저 보여야 한다.

Check List

① 흥미를 고려하여 놀이 자료를 적절히 준비하는가?
② 행동을 유심히 관찰하며 개별 성향을 파악하는가?
③ 성향에 맞추어 놀이 활동시간을 적절히 분배하고 짜임새 있는 놀이를 진행하는가?
④ 돌발 행동에 당황하지 않고 그에 맞는 적절한 조치를 취하는가?
⑤ 부정적인 행동을 적절히 수정할 수 있는가?

① 신중한 언어 선택

부모들이 사용하는 언어 또한 매우 신중하게 선택하여야 한다. 표현을 제한하는 부정적이고 단정적인 언어는 줄이고 의성어, 의태어와 질문을 통해서 아이들의 상상력을 자극하고 자연스러운 연상을 할 수 있게 도와야 한다. 즉 '안 돼', '하지마'라는 부정적이거나 한정적인 말을 줄여야 하고 '무엇일까?', '어떻게 생각하니?' 등의 질문을 통하여 아이가 스스로 생각하여 다양한 사고를 할 수 있도록 돕는 것이 필요하다.

Check List

① 분명한 어조(발음, 속도, 성량, 표준어 사용 등)를 사용하는가?
② 존중이 담긴 언어를 사용하는가?
③ 연령에 맞는 언어를 사용하는가?
④ 부정적인 언어(안돼, 하지마)보다 질문을 통해 다양한 사고를 유도하는가?
⑤ 창의적인 사고를 할 수 있도록 개방적인 질문(다양한 답이 존재하는)을 하는가?

② 놀이 활동 진행에 대한 꼼꼼한 계획과 준비 필요

놀이 활동에서 말하는 창의적인 사고와 자유로운 표현을 아이가 마음대로 자유롭게 하도록 놔두는 것으로 오해할 수 있다. 즉 최대한 자유로운 방법으로 놀이하도록 해야 한다는 생각으로 지나치게 방임하거나 분위기를 산만하게 만들 수 있다. 따라서 놀이 과정이 진행되기 전에 놀이에 대한 목표와 방향, 진행 절차 등을 꼼꼼하게 점검하는 준비가 필요하다. 너무 자유로운 자기표현과 지나친 창의성 중심에만 머무르게 된다면 발달단계의 기초능력의 부족으로 자칫하면 자신감을 잃을 수도 있다. 이에 부모나 교사는 아이의 발달 단계와 특성, 놀이의 이해, 놀이의 목표, 표현을 모두 중시하여 놀이를 준비시켜야 한다. 또한 너무 방임적인 태도는 정서를 더 해칠 위험이 있다. 창의성은 아무것도 없는 상태에서 표현한다고 해서 계발되는 것이 아니라 적극적이고 체계적인 이해과정에서 어떤 계기나 자극, 주변의 격려에 의해 효과적으로 계발되는 것이다. 또한 놀이재료 제공에 있어 너무 무한정으로 재료를 투입하는 것도 오히려 아이들의 상상력을 방해하고 산만하게 할 수 있으므로 수업에 쓰일 재료의 양을 정해서 일관성 있는 수업과정을 계획하고 진행하여야 한다.

Check List

① 수업내용의 목표, 절차, 방식, 재료의 양 등을 꼼꼼하게 계획하는가?
② 주제를 충분히 탐색할 수 있도록 적절한 유도를 하는가?
③ 본격적인 활동으로 넘어가기 전 전이 활동(도입, 흥미유발)을
   진행하는가?
④ 개입이 필요한 상황에 적절한 개입을 하는가?
⑤ 행동에 적절한 피드백으로 반응하는가?

③ 부모와 교사는 하나.

놀이 활동은 과정중심의 수업인 만큼 아이의 부모는 수업의 진행 과정, 방향성, 기대되는 효과 등을 알아서 해주겠지 라는 생각보다는 충분히 공유하고 상담할 필요가 있다. 교육기관과 가정이 서로 아이에 대한 성향, 특징, 특성, 기질, 놀이 내용, 놀이 활동을 통한 변화 과정 등을 공유하고 서로 협력을 구할 때 아이의 긍정적인 변화를 이끌 수 있다.

Check List

① 각 과정별 수업의 목표와 내용을 정확하게 전달하였는가?
② 학부모와 교사는 존경하는 바른 태도(밝은 목소리, 적합한 어휘 사용)로 내용을 공유하였는가?
③ 질문에 적절한 내용으로 대답하였는가?
④ 유아의 특성 및 협력사항을 공유하였는가?

놀이의 힘! 잘~ 놀아야 똑똑한 아이가 된다

Ⅲ.
세 살 버릇 여든까지 간다

세 살 버릇 여든까지 간다는 말 흔히 하는 말이지만 매우 무서운 교훈이기도 하다. 이 시기의 경험이나 기억들도 평생 이어져서 어떠한 삶을 살 것인가에 많은 영향을 주기 때문이다. 그래서 유아기의 '경험'은 중요하다. 아이들은 놀이를 통해 처음의 세상을 익히기 때문에 교육의 시작점이 된다고 볼 수 있다. 만약 제대로 된 놀이에서 소외된다면 건강한 신체 발육과 정서 발달, 상호작용, 감정처리방법, 언어발달, 애착 형성, 사회성에도 문제가 생길 수 있다.

이 책에서 놀이교육의 중요성을 강조하면서도 우리나라 아이들은 놀이 시간이 점점 줄어들고 있으며 매우 부족하다는 생각이 든다. 경기도교육청 자료 육아정책연구소의 조사에 따르면 만4세의 경우 하루 평균 7시간 19분을 기관에서 보내는 것으로 나타났는데 이에 비해 누군가와 놀이 활동을 하거나 여가활동을 하는 시간은 평균 2시간 34분! 심지어 이 중 1시간 6분은 TV 시청으로 보내고 있다고 한다. 놀이시간이 절대적으로 부족하다는 건 참으로 불행한 일이다.

유아들은 놀이를 통해서 자신을 이해하게 되고 상대의 감정을 읽는 능력과 하고 싶은 것을 스스로 선택해서 실행에 옮기는 자기주도성, 친구들과의 놀이를 통해서 언어를 익히고 상호작용과 창의적으로 사고하는 과정을 경험하면서 존중하는 법, 친절하거나 배려하고 양보하며 그러한 과정에서 기쁘고 행복하게 해주는 것이 놀이 활동이라는 점을 자연스럽게 느끼게 되고 아이는 건강하게 자라게 될 것이다. 최근에는 맞벌이 가정이 늘면서 아이들이 대부분의 시간을 유치원, 유아원 등의 기관에서 보내고 있다. 아이와의 교감을 통한 놀이 활동은 양적인 논리로 결정되는 것이 아니다. 단지 10분 정도의 짧은 시간이라도 부모와 함께하면서 아이들의 감정에 맞춘 놀이 활동은 의미가 다르기 때문이다. TV 시청이나 스마트폰으로 사라질 시간을 알차게 보내고 아이와 부모 사이의 애착도 잘 형성하고 부모와 함께 잘 놀아본 아이는 훨씬 더 똑똑한 아이가 될 것이기 때문에 놀이를 계획하고 실천하는 노력을 해야 한다.

아이와 함께하는 놀이에 특별한 교구가 필요한 것은 아니다. 값비싼 교구보다 아이에게 좋은 건 엄마아빠이기 때문이다. 주변에서 흔하게 볼 수 있는 것들이 더 신나고 재미있는 좋은 도구가 될 수 있다. 이불, 배게, 방석, 아빠의 힘센 팔, 아빠의 넓은 등이면 아이는 행복하다. 중요한 것은 아이의 놀이에 엄마와 아빠가 동참한다는 사실이 더욱 놀이를 풍요롭게 하고 정서적 안정감과 행복감을 채워줄 것이기 때문이다.

놀이는 배움을 즐겁게 만들어준다. 놀이는 신체 발달을 돕는다. 아이는 놀면서 몸도 튼튼해지고 운동 능력도 발달하게 되는데 놀이를 하는 동안 뛰고, 달리고, 잡거나 던지기 위해 손가락의 근육을 조절하게 되고 이런 과정을 거쳐 아이는 대근육과 소근육을 움직이면서 튼튼해지고 운동 능력도 발달하게 되는 것이다. 아이는 놀이를 하면서 부모 혹은 친구와 다양한 소통을 시도하게 된다. 블록놀이를 하면서 트럭과 공룡, 로봇놀이를 하면서 다양한 소리를 흉내 내고, 소꿉놀이를 하면서 역할을 나누어 역할극을 하고, 떠오른 생각을 말로 표현하기도 하고 상대방의 이야기를 잘 듣고 대답을 한다. 이렇듯 아이들은 놀이를 통해 어휘, 의사소통의 방법을 익히게 되고 사회성 발달을 돕는다. 아이들은 놀이를 하면서 친구와 사이좋게 지내는 방법을 배우고 장난감이 필요하면 뺏는 것이 아니라 기다리거나 양보하거나 친구에게 빌려달라고 말하고, 기다려야 하는 사회적 규칙을 배운다.

　함께 놀기 위해서는 장난감을 빌려주어야 한다는 배려도 배우며, 자기가 하고 싶은 대로만 할 수 없고 친구의 의견도 받아들이는 자세와 타협도 배우게 된다. 함께 논하여 무엇인가를 만들고, 놀이 방법을 찾으면서 협력하는 방법도 배우게 된다.

　이렇게 놀이는 사회 규칙, 배려, 자제, 양보, 친절, 존중과 더불어 미래 핵심역량인 창의성 발달을 돕는다. 창의성은 새로운 것을 다른 시각에서 깊이 있는 생각을 통해 궁리하여 문제를 해결할 수 있는 능력이다. 엄마, 아빠와 함께 놀이를 한다고 가정해 볼 때. 어제와 비슷한 놀이이지만 다양한 놀이 재료를 선택해서 다른 방법으로 놀이를 재구성하거나 하고자 하는 놀이를 설명하도록 해서 표현하는 힘을 키울 수 있고 설명한 놀이 재료를 찾기 위해 관찰력을 동원하고 주변의 사물을 구분하며 찾아내고 모양과 특징을 분별하는 능력은 창의성을 키우게 된다.

　놀이는 정서 발달을 돕는다. 놀이를 할 때 아이들은 가장 즐거워하고 행복해한다. 자녀와 함께 놀이할 때 자녀의 모습을 떠올려 보면 공감할 것이다. 즐거움과 기쁨은 긍정적인 감정을 갖게 하고, 슬프거나 화나는 감정을 잊게 만들어준다. 또한 놀이를 통해 감정적인 상황을 겪으면서, 다양한 감정을 표현하고 경험하게 되며 공감능력을 기르게 된다. 이러한 놀이 활동을 잘한 아이들은 세상을 바꿀 위대한 발명, 발견을 통해 인간의 생명과 과학, 문화 발전에 큰 영향을 끼치게 될 것이다. 우리가 이미 잘 알고 있는 알렉산더 플레밍의 최초의 항생제 페니실린 발견이나 노벨 물리학상을 수상한 양자역학이론가인 리차드 파인만은 공중에서 접시가 돌아가는 모습을 보고 전자궤도를 연구한 내용의 결과만 보아도 놀이는 아이들의 창의력과 상상하지 못할 아이디어를 만들어낼 보물창고와도 같은 것임을 생각할 때 중요하지 않을 수 없다.

아이들의 뇌는 놀이를 통해서 수많은 자극과 정보를 반복적으로 또는 새롭게 받음으로 신경 연결망들의 뇌 신경세포는 경이로울 정도로 확장되며 정교해진다. 기어오르고, 걷고, 뛰고, 잡고, 뒹구는 놀이는 다양한 움직임과 신체 조절을 통해 발달을 촉진하고 균형감각을 만들어낸다. 또한 놀이를 하면서 느끼게 되는 즐거움과 행복감, 만족감, 성취감은 아이의 면역력을 높여주어 건강하게 자라게 한다. 특히 공부할 때 사용하는 인지능력은 놀이할 때와 같이 동일하게 작용한다. 학습동기를 만드는 과정, 새로운 관심사를 탐구하고 탐색하는 능력, 추상적 사고, 추론능력, 주의집중력 등 높은 상관관계가 있으며 놀이 경험이 다양하고 풍부한 집단일수록 학업성취도가 높다는 결과로 그 점을 알 수 있다.

자신이 유능한 존재라는 느낌을 갖는 건 자존감을 높여준다. 놀이를 하면서 느껴지는 만족감이나 행복감은 긍정적인 감정을 느끼게 한다. 긍정적인 감정은 스트레스를 상당 부분 감소시키며 회복탄력성을 높여주고 정서적으로도 힘을 갖게 하고 대인관계에서 친절하고 예의바른 행동을 자연스럽게 보여줌으로 가족과 주변 사람들에게 사랑받는 아이가 될 것이다. 이렇게 사회성이 좋은 아이들이 주변에 종종 있다. 연구에 따르면 학교생활의 성공의 척도는 또래들과의 관계성, 교사와의 상호작용과 밀접한 관계가 있다고 한다. 규칙을 잘 지키는 것, 상대의 감정을 잘 읽는 것, 상대의 말에 귀 기울여 듣는 것, 적절히 반응하는 능력, 이와 같이 상대의 관점을 공유하는 능력은 글이나 말로는 좀처럼 훈련되지 않는다. 다양한 놀이 활동을 경험하고 스스로 느끼는 가운데 발전되는 것이다.

세 살 버릇 여든까지 가게 될 우리 아이들 잘 놀 수 있도록 해야한다. 공감하겠지만 요즘 놀이터나 운동장을 둘러보면 신나게 또래들과 어울려 뛰어노는 아이들을 찾기가 어렵다. 놀이에 대한 깊이 있는 이해가 중요함에도 불구하고 여러 가지 상황과 이유로 인하여 아이들의 놀이가 소홀히 여겨질 때가 많다. 놀이의 주체자인 아이들의 시선으로 놀이를 들여다 볼 때, 놀이가 그들의 삶과 연관되어있음을 발견하고 놀이 속에 숨어있는 아이들의 수많은 언어와 의미들이 있다. 놀이 속에는 그냥 봐서 알기 어려운, 그래서 깊이 들여다봐야만 알 수 있는 수많은 의미들이 숨어있다. 따라서 놀이를 들여다보고자 하는 깊이 있는 노력과 시간이 필요하다. 놀이를 통해 아이의 삶을 이해하기 위해서는 아이들의 놀이에 다가가 귀를 기울여야 한다. 아이의 놀이에 가까이 간다는 것은 아이들의 놀이 속에서 드러나는 말과 행동을 들여다보는 것 뿐 아니라, 드러나지 않는 아이의 생각과 의도 의미까지 이해해 보려는 노력을 의미한다. 즉, 보이는 것을 넘어서 그 이상을 볼 줄 아는 힘이 그 무엇보다 필요한 것이다. 자유로운 놀이는 두뇌를 활성화시키고 집중력을 높인다. 잘 놀아야 공부도 효과적으로 할 수 있다. 인간은 놀이를 통해 인생관과 세계관을 정립하고 확장해 나아갈 수 있다. '호모루덴스(Homo Ludens)'놀이하는 인간, 유희적 인간 의미로 볼 때 특히나 놀이는 아이들에게 중요하다. 놀이는 사물이나 사람과의 상호작용을 촉진하며 정신적, 지적, 신체적 발달과 창의성 향상에 절대적인 원인이기 때문이다. 놀이 없이는 아이의 성장을 말할 수 없을 정도로 중요하다. 마을과 사회 국가가 아니 세계가 함께 정신과 신체가 건강한 똑똑하고 행복하게 골목마다 잘 노는 아이들이 많아지는 세상이 되길 바래본다.

부록

용어사전
참고문헌

용어사전

ㄱ

[**감각운동기**] 피아제의 인지발달 단계 중, 가장 첫 번째 단계로 출생부터 약 2세경의 영아에 해당한다. 이 시기의 영아들은 감각과 운동 능력을 통해 인지 발달을 추구하는데 단순 반사, 반복행동, 대상영속성 발달 등이 나타난다.

[**과잉행동**] 주의집중력이 매우 낮아 끊임없이 돌아다니거나 다른 유아에게 신체적 또는 언어적 공격을 보이는 등의 행동을 말한다.

[**구체적 조작기**] 피아제의 인지발달 단계 중, 세 번째 단계로 6~7세경부터 11~12세경의 시기이며, 초등학교 시절에 해당한다고 할 수 있다. 이 시기의 아이는 전조작기의 아이와 인지발달에 있어서 차이를 나타내는데, 자기중심성에서 벗어난다는 것과 가역성의 원리를 터득해서 보존개념을 획득한다는 것이 큰 특징이다.

[**교사효능감**] 교사가 교육을 수행하는 데에 있어 자신의 능력에 대한 자신감이나 긍정적인 태도를 갖는 것으로써, 자신이 유아의 수행에 영향을 미칠 수 있다고 믿는 정도를 말한다.

[**기질**] 개인이 주변 환경이나 타인과 상호작용하는 특정한 행동양식을 말한다. 아이의 경우 순한 기질, 까다로운 기질, 반응이 느린 기질로 구분한다.

ㄷ

[**대근육 운동**] 기어오르기, 뛰기, 던지기 등 팔이나 다리 등의 큰 근육을 이용한 활동을 말한다.

[**동기조절**] 아이가 자신의 흥미, 자신감, 유능감, 목표 등을 스스로 이해하고 통제해가며 어떠한 행동을 이끌어나가는 것을 말한다.

ㅁ

[**만족지연 능력**] 더 큰 만족을 위해 당장의 만족을 미루는 것으로써, 행동조절을 위해 반드시 필요한 능력이다.

[**메타인지(초인지) 조절**] 자신이 무엇을 알고 무엇을 모르는지, 그리고 자신의 행동이 어떠한 결과를 낼 것인지를 알고 기대하는 능력으로써, 스스로 계획하고 점검하고 바꾸어 나가는 것을 말한다.

ㅂ

[**변연계**] 변연계는 감정이나 생존을 위협하는 문제에 직면하면 행동을 지시하는데, 기쁨, 즐거움, 분노, 슬픔, 기억, 정서, 식욕, 사람 얼굴 인식 등을 처리한다.

[**분리불안**] 유아가 어머니(주 양육자)와 잠시도 떨어져 있기 싫어 울고 떼쓰는 행동을 보이는 현상을 말한다. 1세 미만 영아의 낯가림이나 낯선 환경에 대한 두려움은 정상적인 발달과정으로 차차 나아질 수 있으나, 만 3세가 넘어서도 분리불안이 나타나면 이에 대한 극복 노력이 필요하다.

[상호작용] 아이와 교구, 또래, 교사, 부모 등과의 경험을 통해 이루어지는 서로간의 작용으로, 바람직한 상호작용을 위해서는 정서적 민감성과 비언어적, 언어적 신호를 적절히 활용해야 한다.

[소근육 운동] 숟가락을 쥐거나 단추를 채우는 등 손가락 등을 이용하여 미세하게 조정할 수 있는 활동을 말한다.

[애착] 영아와 어머니(주 양육자) 또는 친숙한 사람과의 정서적인 유대감을 말한다. 안정된 애착이 형성될수록 자기조절력, 사회성 등에 긍정적인 영향을 미친다.

[인지조절] 주변 환경을 탐색하여 정보를 획득하고, 의미 있는 행동이나 경험을 기억하고 이해하는 것을 말한다.

[자기결정성] 선택을 결정하는 자율성의 정도를 말한다.

[자기효능감] 자신이 어떤 일을 성공적으로 수행할 수 있는 능력이 있다고 믿는 기대와 신념을 말한다. 자기효능감은 작은 성공의 경험이 축적되면서 향상될 수 있다.

[자아존중감(자존감)] 자기 자신을 가치 있고 긍정적인 존재로 평가하는 개념을 말한다.
[전조작기] 피아제의 인지발달 단계 중, 두 번째 단계로 2∼7세경의 유아에게 나타난다. 이 시기의 유아들은 상징적인 사고가 가능해지며, 자아 중심적이고 사물의 하나의 특징에 집중하여 사고하는 경향이 관찰된다.

[편도체] 편도체는 뇌의 변연계(limbic system)에 속하는 구조의 일부로써 동기, 공포, 화, 등 감정과 관련된 정보를 처리하는 데 중요한 역할을 하며, 특히 학습 과정에 매우 중요한 역할을 한다(Baars & Gage, 2012).

[평가목표 성향] 어떤 성취 상황에서 행동을 하는 궁극적인 목적과 이유가 누군가에게 칭찬 또는 인정, 좋은 평가를 받기 위함이 강하며, 타인과의 비교를 통해 자신의 능력을 증명해 보이려는 성향을 뜻한다. 이 성향은 실패를 자신의 무능력함을 드러내는 것이라 생각하여 두려워하거나 피하는 경향이 있고, 새로운 일에 도전하기를 꺼려하는 특징이 있다.

[학습목표 성향] 어떤 성취 상황에서 행동을 하는 궁극적인 목적과 이유가 배움 곧 학습 그 자체에 있으며, 타인과의 비교보다는 자신이 전보다 얼마나 능숙하게 잘 해낼 수 있는가에 집중하는 성향을 뜻한다. 이 성향은 실패를 자연스러운 배움의 과정이라 생각하여 새로운 일에 도전적이며, 자신만의 목표와 기준을 세워 능력을 발전시키려 한다.

[행동조절] 의미 있는 경험이나 인지적인 활동을 할 때 자신의 행동을 제한하고 구체적으로 실천해 나가는 것을 말한다.

[형식적 조작기] 피아제의 인지발달 단계 중, 네 번째 단계로 11~15세경 나타나며, 가설과 논리적 추론이 가능해지는 청소년기 동안의 발달 단계를 말한다.

참고문헌

- 김판수(2018), 『아이가 유치원에 갑니다』, 정인출판사.
- 김판수 외2(2017), 『메타인지와 말하는 공부』, 페러다임북.
- 김판수 외1(2014), 『공부자극』, 예담.
- 김판수 외2(2007), 『자기주도학습의 절대시기』 2판, 교육과학사.
- 최성우, 김판수 공저(2010), 『아이를 바꾼다』, 교육과학사.
- 경기도교육청(2017). 『놀이2017』, 놀이로 유아교육 본질 찾기.
- 경기도교육청(2018). 『놀이2018』, 유아교육, 놀이로 풀다.
- 김보민, 박인전(2013), 「어머니-교사 관계와 유아의 유아교육기관 적응간의 구조적 관계-교사-유아 관계와 유아 탄력성의 매개효과를 중심으로-」, 『한국아이보육학』, 77.
- 석애란 외(2018), 「아이기 정서적 학대경험이 대인관계문제에 미치는 영향」.
- 이사라(2001), 「부모의 양육행동 및 또래관계가 아이의 자아개념 발달에 미치는 영향에 관한 종단적 연구」.
- 고성혜(1992), 「아이학대 개념규정 및 아이학대에 대한 모·자녀의 지각 성향」, 박사학위 논문, 서울대학교.
- 박진아, 이경숙, 신의진(2008), 「정서 및 행동장애 유아의 정신병리 유형에 따른 기질과 역기능적 정서조절: 어머니 양육행동의 중재효과」, 『한국심리학회지』, 27(2).
- 허정화(1988), 「가상놀이 활동을 통한 유아과학교육 교수방법에 관한 연구」, 이화여자대학교 대학원 석사학위 논문.
- 문영경, 최선녀(2015), 「교사의 교수효능감이 유아의 또래 상호작용에 미치는 영향: 교사-유아 상호작용의 매개효과를 중심으로」, 『한국보육학회지』, 15(2).
- 서석원, 박지선(2016), 「유아교육기관 교사의 교수효능감과 교실환경이 유아의 또래 놀이

상호작용에 미치는 영향: 교사-유아 상호작용의 매개효과」.

- 이미란(2015), 「유아의 기질, 부모의 양육방식 및 교사-유아 상호작용이 또래상호작용에 미치는 영향」, 『한국보육지원학회지』, 11(5).

- 황윤세(2009), 「유아의 창의적 성향의 놀이행동 관련 변인의 구조분석: 기질, 또래 유능성, 교사-유아관계를 중심으로」, 『미래유아교육학회지』, 16(2).

- 이숙재(2004), 『유아를 위한 놀이의 이론과 실제』, 창지사.

- 송영혜(1997), 「놀이치료 이론들의 고찰」, 『놀이치료연구』, 제1집, 한국아이심리 재활 학회.

- 정은애(2007), 「하이데거와 가다머의 놀이 개념」, 『인문논총』, 제57집, 서울대학교인문학연구원.

- 최성욱(1998), 「쉴러의(미학편지)연구 : 미(美), 도덕(道德) 그리고 인성(人性)의회복」, 『이문논총』, 제18집, 한국외국어대학교.

- 강삼순(2004), 「집단게임놀이를 통한 초등학교 틱장애 아이의 치료효과」, 광주교육대학교 교육대학원석사학위논문.

- 김수경(2004), 「게임놀이치료가 주의력 결핍 과잉행동 아이의 문제행동 감소에 미치는 효과」, 대구대학교 대학원 석사학위논문.

- 김일명, 유성종, 원지원(2006), 「게임놀이치료가 방임된 아이의 사회성 증진에 미치는 효과」, 『특수아이교육연구』, 8(4).

- 김학래(2003), 「집단게임놀이치료가 ADHD 아이의 주의집중력과 적응도에 미치는 효과」, 인천교육대학교 교육대학원 석사학위논문.

- EBS [특집 다큐] 놀이의 기쁨 2부작(1TV).

- Hughes,F.P.(2003), 『놀이와 아이 발달』(김광웅외역), 시그마프레스.(원서1999년 발행).

- Huizinga, J.(1993), 『호모 루덴스:놀이와 문화에 관한 한』(김윤수역), 까치.(원서 1955년 발행).

- Ansari, A., & Pianta, R.C.(2018), The role of elementary school quality in the persistence of preschool effects, Children and Youth Services Review, 86.

- Bollen, K.A., & Curran, P.J.(2006), Latent curve models: A structure equation perspective. Hoboken, NJ: John Wiley & Sons.

- Boulton, M.J.(1999), Concurrent and longitudinal relations between children's playground behavior and social preference, victimization, and bullying. Child Development, 70(4).

- Brinkman, S.A., Hasan, A., Jung, H., Kinnell, A., Nakajima, N., & Pradhan, M.(2017), The role of preschool quality in promoting child development: evidence from rural Indonesia. European Early Childhood Education Research Journal, 25(4).

- Zimmerman, B. J.(1986), Becoming a self-regulated learner, Which are the key subprocesses. Contemporary Educational Psychology.

- What ensues from emotional distress – Implications for competence estimation (Pomerantz&Rudolph, 2003).

- A gradient of childhood self-control predicts health, wealth, and public safety (Moffitt et al, 2011).
- Attachment in late adolescence-working models, affect regulation, and representations of self and others (Magnusson&Bergman, 1988).
- Longitudinal Pathways to Competence and Psychological adjustment among African American Children Living in rural single-parent households,(Brody et al, 2002).
- The role of chronic peer difficulties in the development of children's psychological adjustment problems(Ladd&Wendy, 2003).
- Burns, S. M. & Brainerd, C. J.(1979), "Effects of Constructive and Dramatic Play on Perspective Taking in Very Young Children". *Developmental Psychology*, 15.
- Chandler, M. J.(1973), "Egocentrism and Antisocial Behavior: The Assessment and Training of Social Perspective Taking Skills". *Developmental Psychology*, 8.
- Christie, J. F. & Johnson, E. P.(1983), "The Role of Play in Social-Intellectual Development". *Review of Educational Research*, 53.
- Ainsworth, M. D. S., Bell, S. M., & Stayton, D. J.(1971). Individual differences in the strange situation behavior of one-year-olds. In H. R. Schaffer (Ed.), The origins of human social re-lations (pp. 17–57). New York:
- Academic Press. Ainsworth, M. D. S., Blehar, M. C., Waters E., & Wall S.(1978), Patterns of attachment: A psy-chological study of the Strange Situation. Hillsdale, NJ: Erlbaum. Arend, R., Gove, F., & Sroufe, L. A. (1979).
- Con-tinuity of individual adaptations from infancy to kindergarten: A predictive study of ego-resiliency and curiosity in preschoolers. Child Development, 50, 950–959.
- Abreu, Dilip, and Ariel Rubinstein. 1988. ₩The Structure of Nash Equi-librium in Repeated Games with Finite Automata." Econometrica, 56(6):1259–81.
- Andreoni, James., and John Miller. 1993. ₩Rational Cooperation in the Repeated Prisoner's Dilemma: Experimental Evidence." Economic Jour-nal, 103: 570–585.
- Aoyagi, Masaki, and Guillaume Frechette. 2009. ₩Collusion as Public Monitoring Becomes Noisy: Experimental Evidence." Journal of Eco-nomic Theory, 144(3): 1135–65.
- Beauchamp, Jonathan P., David Cesarini, D. and Magnus Johannesson. ₩The psychometric properties of measures of economic risk preferences". Harvard University Working Paper. February, 2011.
- Becker, Gary S 1973. ₩A theory of marriage: part I", Journal of Political Economy 81: 813–46.

놀이의 힘! 잘~ 놀아야 똑똑한 아이가 된다